Molla Mills

모던 시크 코바늘 손뜨개

3

몰라 밀스 지음 | 서나연 옮김 | 박진선 감수

WILLSTYLE

들어가며 7

작품 난이도 10
도구들 12
코바늘 13

1 인테리어 소품

손잡이 쿠션 16
수납 바구니 24
통나무 캐리어 33
휴대용 러그 40
바둑판 러그 42
패턴 러그 48
포스터 53
스피커 커버 59
밴드 포스터 66

2 의류

줄무늬 스웨터 74
닻 무늬 주머니 81
핸드 워머 82
넥 워머 88
나비넥타이 93
슬리퍼 101
중산모자 110
티셔츠 스카프 116

3 여행용품

여권 파우치 122
바이크 백 130
세면 파우치 137
닻 무늬 가방 144
음료수 캐리어 154
북유럽풍 가방 164
바둑판무늬 백팩 174

5 기본 기법

바늘 쥐기와 첫 코 만들기	232
사슬뜨기와 손가락으로 뜨기	233
왕복뜨기로 짧은뜨기	234
원통형으로 짧은뜨기	236
왕복뜨기로 한길긴뜨기	238
원통형으로 한길긴뜨기	240
배색하기: 짧은뜨기	242
배색하기: 한길긴뜨기	243
빼뜨기	244
솔기 잇기	245
원통형으로 한길긴뜨기 배색하기	246
왕복뜨기로 한길긴뜨기 배색하기	248
고무뜨기	250
모눈뜨기	252
이 책에서 사용한 실	254

4 기타

체인 열쇠고리	188
다용도 로프	192
풋볼 백	196
가렌더 장식	204
여행용 거울	209
요가 매트 백	216
꿀벌 게임 세트	225

6 관리

코바늘 깎기	258
손뜨개를 위한 스트레칭	264
도움을 주신 분들	270

코바늘 손뜨개 전문가이자 수공예 작가인 몰라 밀스는 핀란드 남포흐얀마 출신으로, 세계 각국에서 그녀의 저서가 출간되었다. 〈모던 시크 코바늘 손뜨개 3〉는 14개월 동안 28㎏의 실을 사용한 결과물이다. 실 대부분이 한 번 떴다가 풀어서 다시 감고, 다시 뜨는 과정을 거쳤다. 그중에서도 완성품이 되지 못하고 견본 서랍으로 들어가는 실은 훌륭한 수공예 작품이 어떻게 탄생하는지를 잊지 않게 해주는 좋은 본보기가 된다.

들어가며

〈모던 시크 코바늘 손뜨개 3〉는 나의 코바늘 손뜨개 시리즈 중 세 번째 책이다. 첫 번째 책은 5년 전 내가 디자인을 공부하던 중에 처음 세상에 나왔다. 그 첫 프로젝트가 점점 확장되어서 지금은 7개의 언어로 출간되기에 이르렀다. 한때는 취미였던 이 일은 열정을 바치는 직업으로 발전했고, 나는 이제 스스로를 손뜨개 전문가라고 당당히 말할 수 있다. 처음 계획대로라면 난 다른 일을 하고 있었을 것이다. 하지만 무언가를 정말 잘 하면, 세상에 선보이고 싶지 않은가? 그런 경우라면 자기 자신의 열정을 가로막는 것은 득이 되지 않는다. 난 상식적인 길에서 방향을 돌려 도전해보기로 결심했다.

내가 처음 남자들을 위한 코바늘 손뜨개 안내서를 만들고 싶다고 했을 때, 친구들은 믿을 수 없다는 듯이 놀라워하며 회의적인 반응을 보였다. 그들은 남자들이 정말로 코바늘 손뜨개에 빠져들 수 있을지 미심쩍어했다. 하지만 왜 안 되겠는가? 기술적으로 말하자면, 코바늘 손뜨개는 공학에 맞먹는 완전히 정밀한 작업이다. 게다가 재료를 준비하고, 내구성을 따져보고, 색상을 선택하는 일에는 신중한 생각이 요구된다. 핀란드에서는 코바늘 손뜨개가 소년들 사이에서 인기 있는 취미 활동으로 오랫동안 자리잡아왔다. 소년들이 직접 뜬 비니가 모자 선반에 놓여 있는 모습도 심심치 않게 볼 수 있다. 내가 가르치는 코바늘 손뜨개 강좌에도 남성 참가자들이 있었다. 비록 비율로 따지자면 극히 제한적이라고 할 수 있지만, 그렇다고 해서 그들의 열정까지 억누를 수는 없는 것이다.

코바늘 손뜨개는 누구나 할 수 있으며, 기분 전환에도 도움이 된다. 하지만 시작할 때 기본기를 완벽하게 익히는 것이 중요하다. 처음에는 당연히 뜨다가 풀고 다시 시작하는 것을 반복할 것이다. 그러나 다시 만들 때마다 더욱 성공적으로 발전하게 된다는 사실을 잊지 말자. 연습에는 인내심이 필요하고, 그렇기에 전문가조차 힘들어한다. 마음을 단단히 먹자. 앞으로 펼쳐질 여정에서는 단순히 코가 너무 느슨한 건 아닐지

걱정하는 것보다 더 골치 아픈 일들을 만나게 될 것이다.

　새로운 영역을 정복하겠다는 희망적인 생각을 품은 나는 2014년 초겨울에 책을 준비하기 시작했다. 먼저 멋진 공책을 준비했다. 양장 표지에 재생지를 사용한 내지가 128쪽 들어 있는 A5 공책이었다. 지나칠 정도로 준비가 잘 된 상황이었다. 공책은 아이디어와 색상표로 채워지기 시작했다. 각종 연락처와 친구들이 알려준 아이디어, 그리고 슈퍼마켓 계산대에서 근사한 스웨터를 입은 매력적인 남자를 보았던 때처럼 인상적인 순간들에 대한 메모들이 적혔다. 아이디어는 순식간에 달아나버린다. 떠오른 그 순간에 바로 붙잡아야 한다. 그때는 낡은 노키아 전화기를 아직 새 기종으로 바꾸기 전이었고, 어쨌든 나의 아이디어는 손으로 적어야만 제대로 모양새가 갖춰지는 것 같았다.

　다음 해 6월 중순 무렵, 나는 여섯 시간 동안 버스를 타고 동유럽 해안가 마을로 휴가를 떠나면서 흑백의 북유럽풍 가방을 완성하고 있었다. 가방은 아주 멋지게 완성되었고, 나는 소리 없이 크게 기뻐했다. 책에 들어갈 작품 하나가 성공적으로 완성된 데다, 얼마 안 있으면 흑해에 도착해서 5주간 실컷 일광욕을 하면서 공책에 적어둔 아이디어를 정리하고 간단한 코바늘 손뜨개도 하리라는 기대에 부풀어 있었던 것이다. 하지만 버스에서 내렸을 때 나는 패닉에 빠지고 말았다. 아이디어와 스케치가 가득했던 내 공책이 감쪽같이 사라진 것이다! 내 이니셜이 새겨진 체크무늬 노트북 가방을 누군가가 자신의 것으로 착각해 가져간 듯했다. 그래서 내 공책도 노트북 컴퓨터와 함께 사라져버린 것이다. 나는 희망을 완전히 잃어버린 기분이었다. 내 아이디어가 모두 사라졌고, 책에 넣을 내용도 전부 없어졌다!

　난 무거운 마음으로 햇볕에 달구어진 거리를 배회했다. 계획했던 프로젝트는 그냥 잊어버려야 하는 것이 아닐지 고민이 되었다. 친구들은 물론 나를 도와주려고 애썼고, 새 노트북 컴퓨터를 사라고 권했다. 하지만 그들은 그 가방 안에서 가장 소중한 것이 실은 공책이었다는 사실을 알지 못했다. 그 노트북 컴퓨터의 유일한 장점은 뱅앤올룹슨 스피커가 내장되어 있다는 것뿐이었고, 컴퓨터 자체는 발열이 너무 심했다.

　나는 그 지역 화방에 들러서 종이와 펠트 펜을 골랐다. 잘생긴 점원에게 예의 바르게 미소를 지으려 했지만, 눈물로 얼룩진 얼굴은 이미 찌푸려져 있었다. 내 아이디어들을 어떻게 되찾을까? 도대체 어디서부터 시작해야 하지? 누군가 내 공책을 마치 쓸모없는 것처럼 쓰레기통에 던져 넣는 모습을 떠올리니 온몸이 오싹해지는 기분이었다. 비명을 지르고 싶었다. 하지만 정신을 가다듬고 검은색 표지에 두툼한 흰색 내지가 있는 A5 크기의 공책을 가지고 계산대를 지나서 밖으로 나왔다.

　난 해변에 있는 고급 레스토랑에 들어가 가장 좋아 보이는 자리를 골라 앉았다. 수평선에는 대형 선박이 머무르고 있었다. 한 나라에서 다른 나라로 가는 상품을 싣고 흑해를 항해하는 배 같았다. 뱃머리는 보스포루스 해협을 향하고 있었다. 어느덧 내 생각은 바다를 흘러가 이스탄불의 다채로운 상점가와 수공예품 지구에 닿았다. 남녀가 둘러앉아 카펫을 짜고 수를 놓고 있는 곳이다. 문득 불가리아의 트랴브나로 떠났던 여행이 떠올랐다. 그 지역 공예가들이 공방에서 가죽을 무두질하고 목판을 조각하던 모습이 기억났다. 그들은 모두 남자였다. 마을에 있던 다른 수공예가들이 뭔가를 짜고, 꿰매고, 쌓고, 깎던 모습이 생각났다. 그들 역시 남자들이었다. 그리고 내 아버지를 떠올렸다. 나에게 목공을 가르쳐주고, 어머니에게 베틀을 만들어주었던 내 아버지. 나는 프로젝트를 포기하지 않기로 결심했다. 무슨 일이 있어도 책을 완성하기로 작정했다.

　새로 산 공책의 처음 몇 장에 백 가지 아이디어를 적어 넣었다. 표지 안쪽에는 이메일 주소와 함께 '이 공책을 발견하면, 저에게 돌려주세요.'라는 문구를 썼다. 핀란드로 돌아올 때, 표지가 떨어질 지경이 된 새 공책에는 185개의 새로운 아이디어가 들어 있었다.

　돌아온 뒤에는 작업실에서 계속 손뜨개를 하며 몇 달을 보냈다. 코바늘 손뜨개 도안은 단번에 완성되는 것이 아니다. 아이디어는 오직 실행을 통해서만 다듬어진다. 내 서랍에 얼마나 많은 견본이 있는지 아마 믿지 못할 것이다. 넥 워머(88쪽)는 원래 울 모자였고, 풋볼 백(196쪽)은 어부의 그물이었다. 줄무늬 스웨터(74쪽)는 시작부터 끝까지 두 번을 떠 보았다. 처음에는 어깨가 너무 커서 미식축구 선수들처럼 스웨터 안에 보호 장구를 착용해야 할 정도였다. 결국 스웨터는 몸에 잘 맞게 완성되어서, 같은 방법으로 내가 입을 빨간 스웨터와 어린 조카의 여름 드레스도 뜰 수 있었다. 제대로 만들어 놓은 도안 하나가 여러 가지 작품으로 변신한 것이다!

　앞장(6쪽) 사진에서 나는 닻 무늬 가방을 만드는 데 열중하고 있다. 그 가방은 결국 책에는 실리지 못했다. 대신 더 나은 디자인을 새로 만들었다. 회색 닻을 빨간색으로 바꿔서 멀리서도 눈에 잘 들어올 수 있게 했다. 가방의 닻 모티프는 어떤 일에든 닥칠 수 있는 시련을 상기시킨다. 나에게는 내 일의 소중함을 되새기는 계기가 되어주었다. 이따금 바쁘고 정신없는 가운데 내 일이 얼마나 중요한지 잊을 때가 있다. 난 원래 가지고 있던 본업을 수공예 작가의 불안정한 삶과 맞바꾸었고, 여전히 그 길을 가고 있다. 그 여정에는 폭풍우가 몰아칠지도 모르지만, 앞에는 언제나 수평선이 펼쳐진다.

나는 여전히 공책을 쓰고, 손으로 모든 아이디어와 초안을 적는다. 하지만 이제는 내용을 사진으로 찍어서 똘똘한 새 휴대전화에 저장한다.

Molla

작품 난이도

이 책에 소개한 작품들은 난이도를 가늠할 수 있도록 각각 구분해두었다. 또한 작품을 완성하는 데 걸리는 시간과 추가적으로 사용하는 도구에 관한 정보도 표시해 놓았다. 두세 가지 색실을 배색하거나, 픽셀 뜨기를 하는 작품에는 그림 도안을 함께 수록했다. 그림 도안을 볼 때 도움이 되도록 처음 몇 단을 뜨는 방법은 글로 설명을 덧붙여 두었다.

쉬운 코바늘 손뜨개 작품으로,
초보자나 빠르게 뜨기를 즐기는 경우에 적합하다.

집중력이 필요한 코바늘 손뜨개 작품으로,
조금만 인내심을 가지면 완성할 수 있다.

어려운 코바늘 손뜨개 작품으로,
숙련된 솜씨나 경험자의 도움이 필요하다.

시간이 걸리는 코바늘 손뜨개 작품으로,
며칠 밤에서 두어 달까지 시간을 들일만 한 가치가 있다.

바느질이 조금 필요한 코바늘 손뜨개 작품으로,
손이나 재봉틀로 바느질하는 과정이 필요하다.

도구들

1 해질녘 수공예 작업에 필요한 보조 조명
2 메모 도구와 자
3 잘 드는 가위
4 가죽을 사용할 때 필요한 바느질용 송곳
5 굵은 실로 마무리할 때 바늘을 뽑기 위해 필요한 펑집게
6 로터리 펀치
7 옷핀
8 튼튼한 재봉실
9 대나무 시침핀과 금속 시침핀
10 돗바늘

코바늘

- **1** 1950년대, 체코에서 생산된 가느다란 금속 코바늘
- **2** 굵은 목재 코바늘. 지름 15.75㎜
- **3** 직접 만든 코바늘. 코바늘 깎는 방법은 258쪽 참조
- **4** 재활용 플라스틱 소재의 굵은 코바늘. 지름 10㎜
- **5** 미국산 각진 코바늘. 지름 8㎜
- **6** 프림의 인체공학적인 코바늘(Prym Ergonomic Crochet Hook). 지름 7㎜
- **7** 금속 양쪽코바늘
- **8** 플라스틱 자루가 달려 잡기 편한 가는 코바늘
- **9** 인체공학적 디자인의 코바늘. 5.5㎜
- **10** 치아오구(ChiaoGoo) 대나무 코바늘. 9㎜
- **11** 킨키 아미바리(Kinki Amibari)의 대나무 자루가 달린 금속 코바늘. 6㎜
- **12** 러그 코바늘 손뜨개에 쓰는 금속 코바늘. 8㎜

손잡이 쿠션

사이즈	**실**	**코바늘**
폭. 50cm 높이. 25cm	샤켄마이어, 메리노 엑스트라파인 (흰색 50g × 3, 초록색 50g x 2) 대체실 : 필 메리노스 3.5	2.5mm (모사용 4호)

기타
지퍼 (30cm)
리벳 (2개)
쿠션 속 (25×50cm)
가죽끈 (40cm)

허리 통증은 현대 사회의 골칫거리다. 우리가 매일같이 상상할 수 없을 정도로 오랜 시간을 앉아서 생활한다는 사실이 아마도 가장 큰 원인 중 하나일 것이다. 따라서 집이나 사무실, 작업실을 막론하고 신체에 적합한 작업 환경을 갖추는 것이 중요하다. 허리를 지지해주는 쿠션으로 좋은 환경 만들기를 시작해보면 어떨까? 어디에서 일하든지 쉽게 가지고 다닐 수 있도록 손잡이도 달아보자.

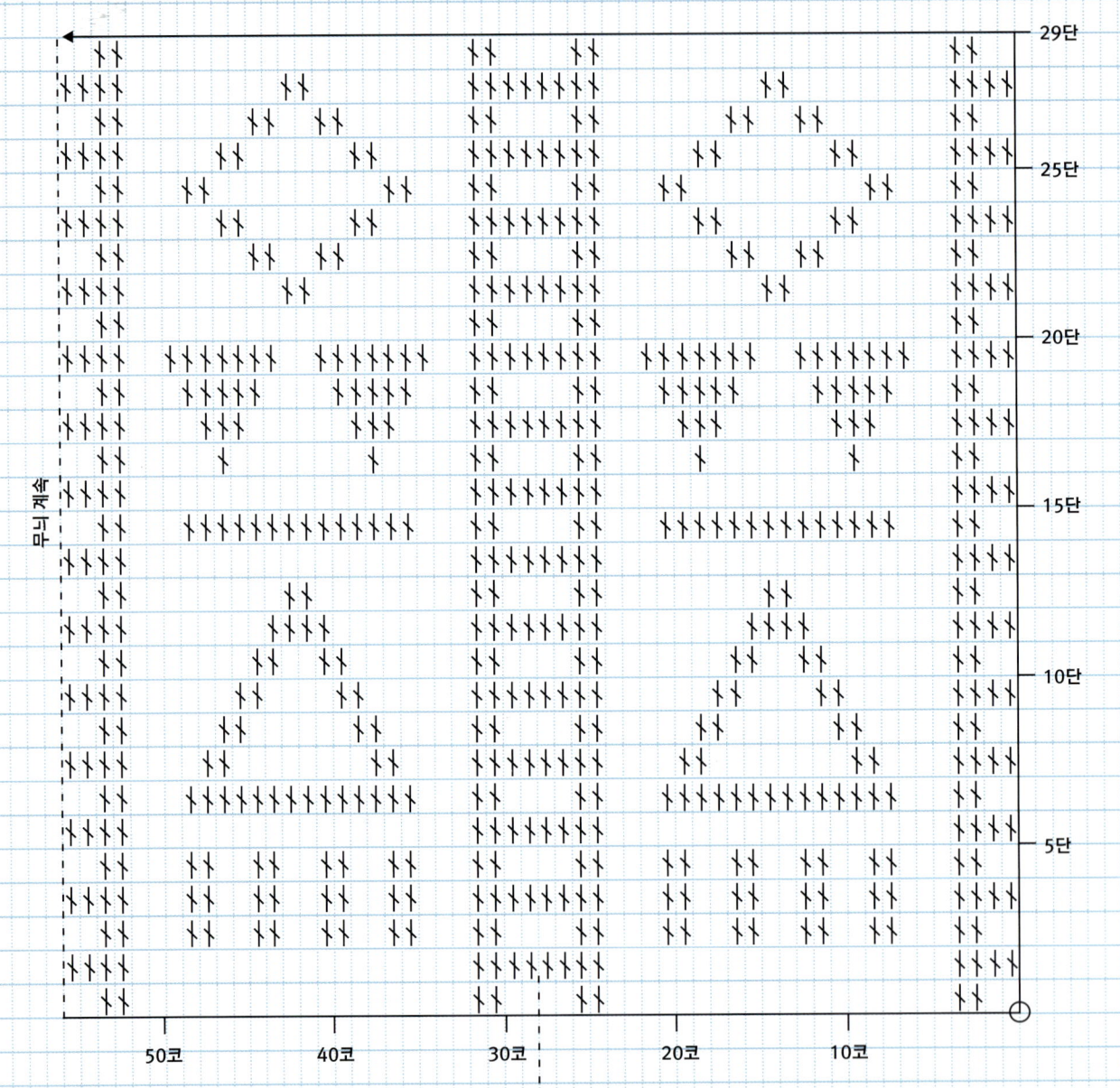

무늬는 한길긴뜨기 28코마다 반복

두 가지 색 실을 이용해 원통형으로 한길긴뜨기를 하면서 만든다(246쪽 참조). 쉬는 실은 함께 걸치면서 코에 넣어 뜬다.

1단. 흰색 실로 사슬뜨기 224코를 떠서 시작한다. 이때 사슬코는 느슨하게 떠서 완성작이 너무 촘촘하게 당겨지지 않도록 한다. 꼬인 곳이 없는지 확인한 다음, 처음 시작 사슬코에 바늘을 넣어서 빼뜨기로 원통형을 만든다(237쪽 참조). 흰색 실로 사슬뜨기 3코를 떠서 첫 번째 한길긴뜨기를 만든다. 두 번째 한길긴뜨기에서 마지막으로 바늘에 실을 걸 때 초록색 실로 바꾼다. 초록색 실로 한길긴뜨기를 하고, 두 번째 한길긴뜨기 코에서 다시 흰색 실로 바꾼다. 흰색 실로 한길긴뜨기 19코를 뜨고, 다음 한길긴뜨기에서 마지막으로 바늘에 실을 걸 때 초록색 실로 바꾼다. 도안을 따라서 무늬를 4번 반복하면서 단을 끝까지 뜬다. 초록색 실을 바늘에 걸면서, 시작점에서 세 번째 사슬코에 빼뜨기를 하여 원통을 마무리한다.

2단. 초록색 실로 사슬뜨기 3코를 뜬다. 흰색 실을 같이 걸쳐 뜨면서, 한길긴뜨기 2코를 뜨고 세 번째 코에서 흰색 실로 바꾼다. 흰색 실로 한길긴뜨기 19코를 뜨고 다음 한길긴뜨기에서 마지막으로 바늘에 실을 걸면서 초록색 실로 바꾼다. 도안을 따라 단을 끝까지 뜬다. 원통형뜨기 단은 언제나 시작점에서 세 번째 사슬코에 빼뜨기를 하여 마무리한다.

계속해서 도안을 따라 총 29단을 뜬 다음, 실을 잘라 끝이 보이지 않게 정리한다.

▌ 한길긴뜨기, 초록색 실

▯ 한길긴뜨기, 흰색 실

1 지퍼를 쿠션 커버의 아래쪽 가장자리 가운데에 놓는다. 이때 지퍼 양쪽의 무늬가 나란히 맞춰지도록 주의한다. 편물 가장자리가 늘어나지 않도록 조심하면서 손바느질이나 재봉틀로 지퍼를 달아준다.

2 손바느질로 지퍼 양 끝의 구멍을 한 번에 1코씩 꿰매어 막아준다.

3 편물 겉면에서 지퍼는 거의 드러나지 않는다. 지퍼의 이빨 사이에 코가 끼이지 않도록 주의한다.

4 손바느질로 위쪽 가장자리를 한 번에 1코씩 꿰맨다.

5 커버의 위쪽 가장자리 가운데에서 가죽끈을 달 위치를 정한다. 끈은 양 끝을 각각 3㎝씩 접어둔다. 접은 부분에 구멍을 뚫고 리벳으로 고정한 다음, 질긴 실을 이용해 쿠션 커버에 끈을 달아준다.

6 커버 안에 솜을 넣으면 손잡이 쿠션이 완성된다. 가죽끈 대신 면 소재 손잡이를 달면 커버를 세탁할 수 있다.

5

6

23

수납 바구니

사이즈
지름. 20cm
높이. 22cm

실
주트 얀 (약 600g)

대체실 : 딸리아

코바늘
6mm (모사용 10호)

기타
원형 와이어 (지름 20cm, 3개)
가는 가죽 벨트 (50cm)

어느 집에나 자질구레한 물건들을 담아둘 수납함이 필요하다.
셔츠 단추와 건전지, 생일 초, 실타래에 이르기까지.
코바늘 뜨개로 만든 수납 바구니는 정해진 자리 없이 돌아다니는
이런 자잘한 물건들을 감춰둘 수 있다.
바구니에 뚜껑까지 닫아두면 깔끔하게 정리 끝!

TIP!
빨래 바구니를 만들고 싶다면 이 도안을 확대해서 낡은 러그의
씨실을 이용해 떠보자. 혹은 가는 마 끈을 이용해 뚜껑이 없는
작은 바구니를 만들어서 허브 화분을 넣어도 좋다.

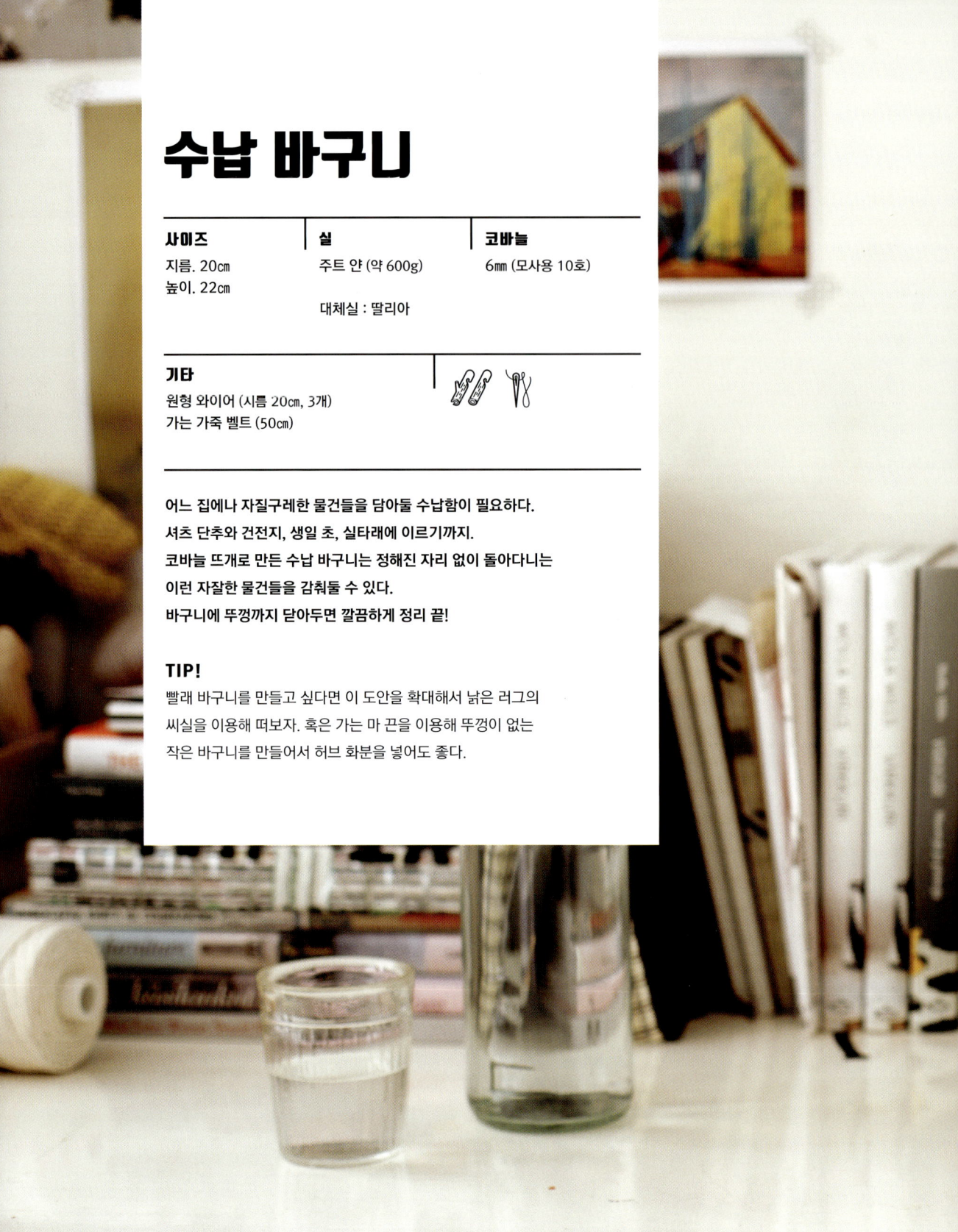

바구니는 바닥면부터 뜨기 시작한다. 뚜껑은 별도로 뜬다.

1 **1단.** 손가락 하나에 실을 두 번 감아 고리를 만든 다음, 이 고리에 짧은뜨기 10코를 뜬다. 실 끝은 몇 코 정도 함께 떠준다. 단을 다 뜬 뒤에는 실 끝을 잡아당겨 바닥면에 구멍이 생기지 않도록 한다.
2단. 각 코에 짧은뜨기를 2코씩 뜬다. 이때 항상 아랫단 사슬코를 이루는 양쪽 고리 아래를 모두 지나도록 바늘을 넣어준다.
3단. 한 코씩 번갈아가며 짧은뜨기 2코를 뜨고, 그 사이에 오는 코에는 짧은뜨기 1코를 뜬다. 이렇게 하면 총 30코가 된다.
4단. 세 번째 코마다 짧은뜨기 2코를 뜨고, 그 사이에 오는 코에는 짧은뜨기 1코를 뜬다.
5단. 코 늘림 없이 짧은뜨기 1코씩을 뜬다.
6단. 네 번째 코마다 짧은뜨기 2코씩, 그 사이 코에는 짧은뜨기 1코씩 뜬다.
7단. 코 늘림 없이 짧은뜨기 1코씩을 뜬다.
8단. 다섯 번째 코마다 짧은뜨기 2코씩, 그 사이 코에는 짧은뜨기 1코씩 뜬다.

9단. 원형 와이어 1개를 편물과 함께 뜬다. 바늘로 실을 걸 때 원형 와이어 위에서 아래쪽으로 감싸도록 가져와 코에서 빼내면서 뜨면 된다. 각 코마다 짧은뜨기 1코씩 뜬다. 이렇게 와이어와 함께 뜰 때는 편물을 조금 느슨하게 늘려가며 뜨게 된다. 원형 와이어의 지름에 비해 바닥면이 너무 크면 한 단을 풀어서 크기를 줄인다. 바닥면이 너무 작을 때는 한두 단을 더 뜨면 된다.

2 **10-31단.** 각 코마다 짧은뜨기를 한다.

3 **32단.** 이번 단에서는 두 번째 원형 와이어를 코와 함께 뜬다.

4 위쪽 가장자리는 한 단을 돌아가며 빼뜨기로 마무리한다. 실을 잘라 끝이 보이지 않게 정리한다.

5 뚜껑을 만들어보자. 먼저 바닥면과 같은 방법으로 8단까지 뜬다.
9단. 각 코마다 짧은뜨기를 1코씩 뜨면서 남은 원형 와이어 1개를 함께 코 안에 넣는다. 가죽벨트를 끼울 부분

에서는 와이어에만 실을 감아서 짧은뜨기 3코를 뜨고, 한 코를 거른 뒤, 계속해서 다음 29코를 짧은뜨기로 뜬다. 반대쪽 가죽벨트 부분에서도 와이어에만 실을 감아서 짧은뜨기 3코를 뜨고, 한 코를 거른 다음, 단의 끝까지 짧은뜨기를 한다.

6   단을 돌아가며 빼뜨기로 마무리한다. 실을 잘라 끝이 보이지 않게 정리한다. 뚜껑과 바구니를 연결하는 경첩을 만들기 위해 가죽 벨트에서 버클이 없는 쪽을 15㎝ 길이로 잘라 준비한다.

7   잘라 둔 벨트에 구멍을 뚫고 뚜껑 편물의 구멍 한 곳에 끼워 넣는다.

8   벨트의 구멍을 이용해 질긴 실로 꿰매어 고정한다.

9   남은 벨트를 18㎝ 길이로 잘라, 뚜껑의 남은 구멍에 끼워 넣은 다음, 안쪽에서 꿰매어 고정한다.

10   9번에서 고정한 벨트와 나란히 맞추어, 벨트의 버클이 달린 쪽 끝을 바구니에 꿰맨다. 벨트에 구멍을 뚫고 버클을 채워준다.

헬싱키의 발릴라 지역에 있는 작업실에서 새 작품 구상에 몰두하고 있는 프랑스 출신 일러스트레이터 폴. 프로젝트 룸에서 열린 그의 전시회는 얼마 전에 막을 내렸다. 폴은 인간의 신체, 그중에서도 특히 손을 묘사하는 작업에 집중하고 있으며, 음반 표지도 디자인하고 있다. 수납 바구니는 미술 용품들을 담기에 제격이다. 어쩔 수 없이 튀는 물감 자국은 주트사로 뜬 표면에 생동감을 불어넣어 준다.

통나무 캐리어

사이즈
폭. 30㎝
길이. 100㎝

실
모파리 스파이럴 얀 (600g)

대체실 :
파빠르, 필 트위스트 마크라메

코바늘
8㎜ (점보코바늘)

기타
가죽끈 (길이 70㎝, 2개)
나사형 리벳 (8개)
보강용 나일론 끈 (1타래)

나의 할아버지 로리는 통나무를 무거운 장작용 받침대에 담아 나르곤 하셨다. 할아버지는 받침대에 무릎을 부딪치지 않으려고 우스꽝스럽게 한쪽으로 기우뚱한 자세로 걸을 수밖에 없었다. 그때 내가 이렇게 부드러우면서도 튼튼한 통나무 캐리어를 만들 생각을 했더라면, 할아버지의 몸에 멍이 드는 일도 훨씬 줄었을 텐데. 사진에서는 할아버지의 손자가 그의 아들과 함께 집에 있는 사우나로 통나무를 가져가는 모습이다. 몸은 여전히 한쪽으로 기울어져 있지만, 이번에는 순전히 사랑하는 마음이 드러나는 자세일 뿐이다.

통나무 캐리어는 보강용 나일론 끈을 함께 걸쳐 뜨면서 왕 복뜨기로 만든다.

1. **1단.** 사슬뜨기 26코를 떠서 시작한다. 이때 실 끝은 150cm를 남겨두어, 가장자리를 빼뜨기로 마무리할 때 쓴다.

2. 두 번째 사슬코에 바늘을 넣고, 나일론 끈을 덧댄 다음 아래쪽에서 실을 가져와 바늘에 걸어 방금 넣은 사슬코를 통해 실을 빼낸다. 그리고 바늘을 나일론 끈 위로 두고 다시 한 번 실을 건다.

3. 바늘에 감은 실을 고리에서 빼내어 짧은뜨기 1코를 뜬다. 이렇게 하면 보강용 나일론 끈이 코 안으로 들어가게 된다.

4. 이런 식으로 짧은뜨기를 1단 뜬다.

5. 이번 단은 짧은뜨기 25코가 된다. 나일론 끈은 단의 끝까지 계속 코 안에 들어가도록 함께 뜬다. 사슬뜨기 1코를 떠서 두 번째 단을 시작한다.

6. **2단.** 첫 코를 뜨면서 나일론 끈을 함께 뜬다.

7. 사슬코를 이루는 양쪽 고리를 모두 지나도록 바늘을 넣어가면서 각 코마다 짧은뜨기 1코. 코 안에서 나일론 끈이 너무 당겨지거나 느슨해지지 않도록 주의하며 뜬다.

8. **3단.** 이번 단에서는 손잡이를 만들기 위해 구멍을 낸다. 단을 시작하면서 사슬뜨기 1코를 뜬다. 나일론 끈을 함께 넣으면서 짧은뜨기 6코를 뜬 다음, 사슬뜨기 2코를 뜬다. 2코 거르고 짧은뜨기 7코를 뜬다. 사슬뜨기 2코, 두 코 거른 다음 짧은뜨기 7코를 뜨고 마친다.

9. **4단.** 각 코마다 짧은뜨기 1코. 손잡이용 구멍에서는 사슬뜨기한 자리에 짧은뜨기 2코를 뜬다.

10. 짧은뜨기로 60단을 뜬다. 통나무 캐리어의 반대편 끝에도 손잡이용 구멍을 만들어준다. 양쪽 끝은 모두 빼뜨기 단으로 마무리한다. 실을 잘라 끝이 보이지 않게 정리한다.

11. 보강용 나일론 끈은 편물 가장자리를 따라 깔끔하고 고르게 들어가게 되고, 편물의 내구성을 높이는 효과가 있다.

12 손잡이를 만들 가죽끈을 적당한 길이로 잘라 준비한다. 여기서는 70㎝로 잘랐다. 캐리어의 구멍에 넣을 때 편물이 늘어나지 않도록, 폭이 좁은 끈을 맞추어 준비한다. 끈에 구멍을 뚫어놓는다.

13 납작한 리벳을 이용하거나 질긴 실로 꿰매어 가죽끈을 편물에 고정한다.

14 통나무 캐리어가 완성되었다.

휴대용 러그

사이즈
폭. 55㎝, 길이. 120㎝

실
에스터리 (흰색과 붉은색 각 1㎏씩)
대체실 : 파빠르, 필 트위스트 마크라메

코바늘
8㎜ (점보코바늘)

기타
면 끈 (길이 250㎝, 2개)
PVC 호스 또는 실리콘 호스 (길이 20m, 지름 4㎜)

이 작품은 통나무 캐리어 도안을 응용해 만든다(33쪽 참조). 각 줄무늬의 첫 단과 마지막 단에 55㎝ 길이의 긴 호스를 넣어서 함께 뜬다. 줄무늬 중간의 세 단은 호스 없이 짧은뜨기를 한다.

1단. 흰색 실로 사슬뜨기 51코를 뜬다. 단의 시작부터 끝까지 호스를 코 안에 넣고 함께 짧은뜨기를 한다. 총 50코.
2-4단. 각 단의 시작에는 항상 사슬뜨기 1코를 뜬다. 호스를 넣지 않고 짧은뜨기를 한다.
5단. 호스를 넣어서 짧은뜨기를 한다.
6단. 붉은색 실로 바꾸고, 호스를 넣어 짧은뜨기를 한다.

7-9단. 호스를 넣지 않고 짧은뜨기를 한다. 각 단이 항상 50코가 되도록 주의한다. 다음 단(10단째)에는 호스를 넣어서 뜬다. 이런 식으로 색을 바꾸어가며 줄무늬를 계속 뜬다. 줄무늬 하나에는 5단이 들어간다. 색을 바꿀 때는 코 사이에서 실을 자르고 마무리해야 러그 가장자리에 지저분하게 늘어지는 실이 없다. 줄무늬를 총 19개 뜬 다음에는, 실을 자르고 끝이 보이지 않게 정리한다. 러그의 끝부분에는 들고 다니기 편하도록 손잡이를 달아준다. 2.5m 길이의 면 끈을 두 번째 단의 코 사이에 끼워 넣으면 된다. 돌돌 만 러그를 끈으로 감싸서 묶어준다.

바둑판 러그

사이즈	실	코바늘
폭. 80㎝ 길이. 240㎝	무쿠 울 얀 (흰색 3kg, 회색 2kg) 대체실 : 스마트 2겹	7㎜ (점보코바늘)

두툼한 울 소재 러그는 훈훈하고 기분 좋은 느낌을 준다.
날씨가 따뜻해지면 소풍을 나갈 때도 쓸 수 있다.
울이 가진 가장 큰 장점은 따뜻하다는 것이지만,
깨끗하게 유지된다는 점 역시 빼놓을 수 없는 장점이다.
울 러그는 사용한 뒤에 간단하게 바람을 쐬어주면 된다.

TIP!
더 가는 울 실을 사용해서 러그와 같은 방법으로 뜨면
겨울에 쓸 따뜻한 목도리를 만들 수 있다.

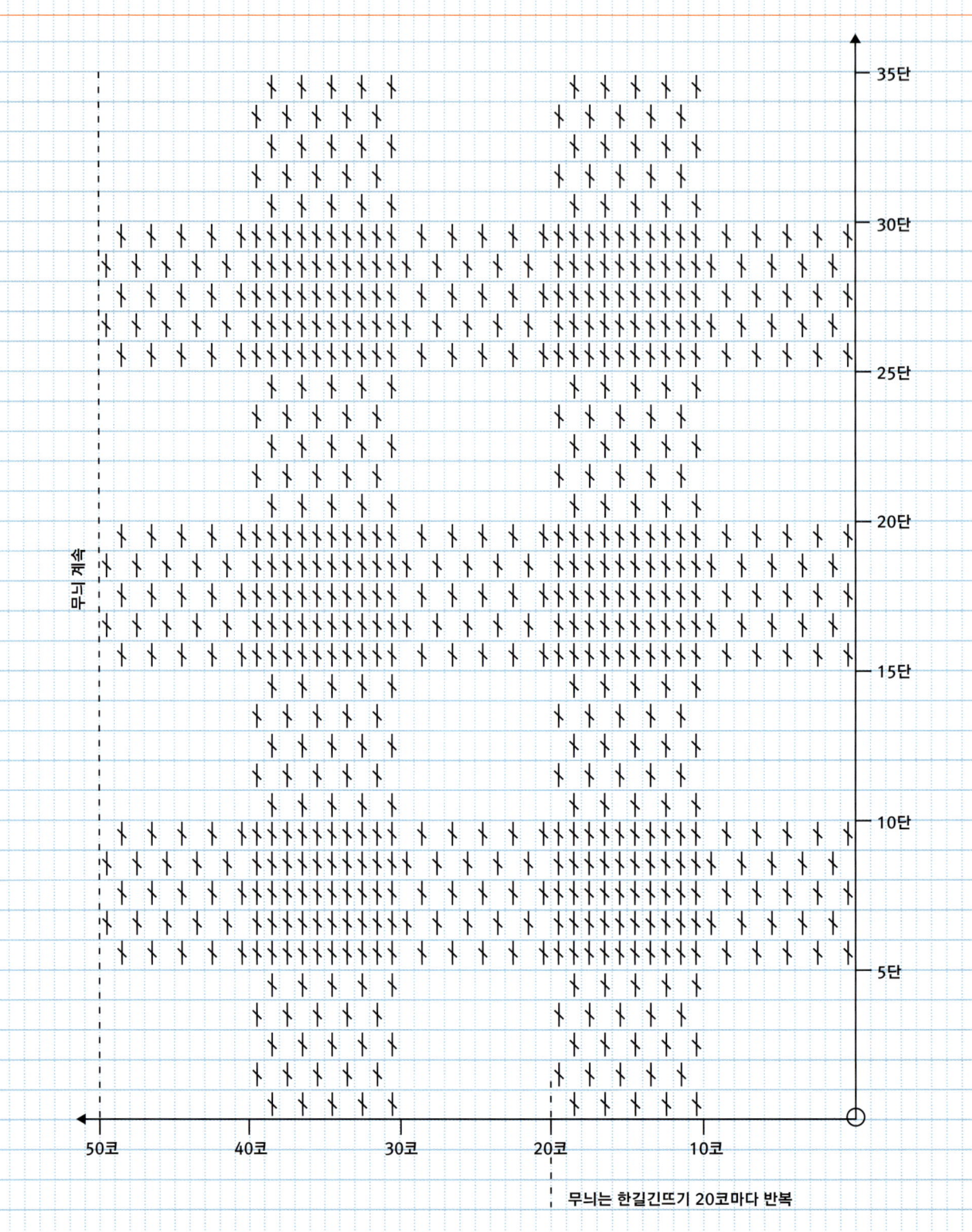

두 가지 색실을 이용해 왕복뜨기를 하면서 만든다(248쪽의 단계별 설명 참조). 쉬는 실은 한길긴뜨기에 함께 넣어 뜬다.

1단. 흰색 실로 사슬뜨기 72코를 떠서 시작한다. 이때 실 끝은 2m 길이로 남겨두어, 러그의 시작 단 가장자리를 따라 짧은뜨기를 1단 떠서 마무리할 때 사용할 수 있도록 한다. 바늘에서 네 번째 사슬코에 첫 번째 한길긴뜨기를 한다. 회색 실도 함께 걸쳐 뜨면서, 흰색 실로 한길긴뜨기 8코를 뜬다.
다음 코를 뜨면서 마지막으로 실을 바늘에 걸 때 회색 실로 바꾼다. 회색 실로 다음 한길긴뜨기를 하다가, 마지막 단계에서 실을 바꾸어 흰색 실을 바늘에 걸어준다. 이렇게 마지막 단계에서 실을 바꾸어 걸면서 다음 9코를 뜬다. 도안을 따라서 계속 뜨면서 무늬를 3번 반복해준다. 그런 다음 도안 왼쪽에 나오는 마지막 10코 블록을 뜬다. 단에서 마지막 한길긴뜨기 코는 회색 실을 넣지 않은 채 뜨고, 회색 실을 살짝 잡아당겨 마무리한다. 1단에는 한길긴뜨기 70코가 들어간다.

2단. 첫 번째 한길긴뜨기 코를 만들기 위해 흰색 실로 사슬뜨기 3코를 뜬다. 회색 실을 함께 넣어 뜬다. 아랫단 사슬코의 양쪽 고리 아래를 모두 지나도록 바늘을 넣으며 한길긴뜨기 8코를 뜬다. 흰색 실로 아홉 번째 한길긴뜨기를 하다가, 마지막 단계에서 회색 실로 바꾸어 바늘에 실을 건다. 이렇게 마지막 단계에서 실을 바꾸어 걸면서 다음 9코를 뜬다. 실이 늘어지는 일이 없도록 색을 바꾼 뒤에는 항상 실을 당겨주는 것을 잊지 않는다. 단에서 마지막 한길긴뜨기 코에는 회색 실을 넣지 않고 뜬다.

3단. 단의 시작에는 항상 사슬뜨기 3코를 뜨고, 첫 번째 한길긴뜨기 코부터 쉬는 실을 함께 넣어 뜬다. 이제부터 도안에 따라 회색과 흰색 실을 바꾸어가며 뜬다. 색을 바꿀 때는 항상 한길긴뜨기 코의 마지막 단계에서, 뜨려는 색으로 실을 바꾸어 바늘에 건다. 각 단마다 쉬는 실을 코 안에 함께 넣어 뜨되, 첫 코와 마지막 코에서만 쉬는 실을 넣지 않고 뜬다. 이렇게 하면 러그의 겉면 가장자리에 실이 걸쳐지지 않고 뒷면에 감추어진다.

색을 바꿀 때는 언제나 쉬는 실을 코 안에서 살살 잡아당긴다. 늘어진 실이 있으면 편물의 겉면에서도 보이게 된다. 실을 당겨가며 뜨면 표면이 고르고 가장자리가 매끈한 러그를 만들 수 있다.

도안을 따라 계속 떠 나간다. 편물을 뜨는 도중에 실을 다 쓰면, 쓰던 실과 새 실의 끝을 묶어서 연결하여 계속 뜨면 된다. 이 실 가닥들은 끝을 잘라 러그 뒷면의 코 안에서 정리해주고, 실 끝이나 매듭이 겉면에 보이지 않도록 주의한다.

총 115단을 뜨면 편물이 완성된다. 러그의 양쪽 짧은 가장자리는 각각 짧은뜨기를 1단씩 떠서 마무리하고, 실을 잘라 정리해준다.

한길긴뜨기, 회색 실

한길긴뜨기, 흰색 실

독학으로 코바늘 뜨개를 배운 토피는 딸을 위해 양말과 장갑, 스웨터를 만들었다. 그는 소박한 울 실을 사용하는 것을 좋아한다. 사진에서 그는 나선으로 돌아가며 원통을 뜨는 방법으로 만든 장갑을 빼뜨기로 마무리하고 있다. 완성작은 근사한 튀니지풍 편물로 탄생했다.

TIP!
144쪽의 닻 무늬 가방 만드는 방법을 따라서 커다란 캔버스 가방을 만들어보자. 사진에 보이는 흑백 기하학무늬 원단은 베를린에서 수작업으로 프린트한 것이다. 섬유 디자인을 전문으로 하는 〈컬러블라인드 패턴스〉를 창업한 대니얼이 만든 원단이다.

패턴 러그

사이즈	실	코바늘
폭. 80㎝ 길이. 280㎝	릴리 할로 얀 (베이지색 5㎏, 초록색 3.5㎏) 대체실 : 딸리아, 필 트위스트 마크라메	7㎜ (점보코바늘)

코바늘로 뜬 기다란 러그 한쪽에서 두 살배기 아르니 올라비가 놀고 있다.
민트 그린 컬러의 마루재는 1950년대의 유행 색조에서 영감을 얻은 것이다.
커다랗고 부드러운 러그는 낡은 마룻바닥의 긁힌 자국들을 가려주고,
손상되는 것을 막아준다.
사진의 방은 너무 넓어서 바닥을 모두 채우려면 러그 35장이 필요하다.
하지만 러그의 면적이 2.24㎡나 되니, 한 장만 있어도 훌륭한 시작이다.

TIP!
같은 방법으로 멋진 벽장식을 만들어도 좋다.
실은 릴리 할로 얀 대신 미니 버전을 이용해 뜨고,
아래쪽 가장자리에 술 장식도 달아보자.

무늬 폭은 한길긴뜨기 60코

무늬는 20단마다 반복

패턴 러그는 두 가지 색 실을 이용해 왕복뜨기로 한길긴뜨기를 하여 만든다(단계별 설명은 248쪽 참조). 쉬는 실은 한길긴뜨기에 함께 넣어 뜬다.

1단. 베이지색 실로 사슬뜨기 62코를 떠서 시작한다. 이때 실 끝은 2m 길이로 남겨두어, 러그의 시작 단 가장자리를 따라 빼뜨기를 1단 떠서 마무리할 때 사용할 수 있도록 한다. 바늘에서 네 번째 사슬코에 첫 번째 한길긴뜨기를 한다. 초록색 실도 함께 걸쳐 뜨면서, 베이지색 실로 각 사슬코에 한길긴뜨기를 한다. 마지막 한길긴뜨기 코에는 초록색 실을 넣지 않고 뜬다. 단 끝에서 초록색 실을 살짝 당겨주어 코 사이에서 늘어지지 않게 주의한다. 1단에는 한길긴뜨기 60코가 들어간다.

2단. 첫 번째 한길긴뜨기 코를 만들기 위해 베이지색 실로 사슬뜨기 3코를 뜬다. 단의 마지막에서 두 번째 코까지 초록색 실을 함께 넣어 뜬다. 이때 아랫단 사슬코의 양쪽 고리 아래를 모두 지나도록 바늘을 넣으며 코마다 한길긴뜨기를 한다. 단의 끝에서 초록색 실을 살살 당겨준다.

3단. 이번 단에서 무늬를 뜨기 시작한다. 베이지색 실로 사슬뜨기 3코를 뜬다. 초록색 실을 함께 뜨면서 베이지색 실로 한길긴뜨기 2코를 뜬다. 다음 코에서 한길긴뜨기를 하다가, 마지막 단계에서 실을 바꾸어 초록색 실을 바늘에 건다. 초록색 실로 한길긴뜨기 1코를 뜨고, 다음 코의 마지막 단계에서 실을 바꾸어 베이지색 실을 바늘에 건다. 3단에는 베이지색 실로 한길긴뜨기 3코, 초록색 실로 한길긴뜨기 2코, 단의 끝에서 베이지색 실로 한길긴뜨기 4코가 들어간다. 실을 바꿀 때마다 실 끝을 살살 잡아당겨 늘어지는 일이 없도록 한다.

4단. 단을 시작할 때는 항상 사슬뜨기 3코를 뜨고, 다음 한길긴뜨기 코부터 쉬는 실을 함께 넣어 뜬다. 이제부터 도안에 따라 베이지색과 초록색 실을 바꾸어가며 뜬다. 색을 바꿀 때는 항상 한길긴뜨기 코의 마지막 단계에서, 뜨려는 색 실을 바늘에 건다. 각 단마다 쉬는 실을 코 안에 함께 넣어 뜨되, 첫 코와 마지막 코에서만 쉬는 실을 넣지 않고 뜬다. 이렇게 하면 러그의 겉면 가장자리에 실이 걸쳐지지 않고 뒷면에 감추어진다. 색을 바꿀 때는 언제나 쉬는 실을 코 안에서 살살 잡아당긴다. 늘어진 실이 있으면 편물의 겉면에서도 보이게 된다. 실을 당겨가며 뜨면 표면이 고르고 가장자리가 깔끔한 러그를 만들 수 있다.

도안을 따라 계속 떠 나간다. 편물을 뜨는 도중에 실을 다 쓰면, 쓰던 실과 새 실의 끝을 묶어서 연결하여 계속 뜨면 된다. 이 실 가닥들은 끝을 잘라 러그 뒷면의 코 안에서 정리해주고, 실 끝이나 매듭이 겉면에 보이지 않도록 주의한다.

총 106단을 뜨면 편물이 완성된다. 러그에서 무늬는 5번 반복되고, 양 끝의 두 단씩은 모두 베이지색 실로 떠준다. 초록색 실은 마지막 단까지 함께 넣어 뜬다. 러그의 양쪽 짧은 가장자리는 각각 빼뜨기로 마무리하고, 실을 잘라 정리해준다.

한길긴뜨기, 초록색 실

한길긴뜨기, 베이지색 실

포스터

사이즈	실	코바늘
폭. 55cm 길이. 70cm	리나 피시 넷 트와인 12겹 (흰색 약 200g, 검은색 약 120g)	1.75mm (레이스 0호)

대체실 : 피마룩스 35수, 까사리아

우리가 쓰는 사회관계망 곳곳에는 긍정적인 말이 넘쳐난다.
우리는 다른 사람들에게 긍정적인 태도를 보여줌으로써,
그 긍정성을 다시 우리 삶으로 끌어들이는 것이다.
최선을 다해 삶을 살아가려면 누구에게나 약간의 격려가 필요하다.
기운을 북돋아주고 싶은 친구가 볼 수 있는 곳에
코바늘 뜨개로 만든 문구를 걸어두면 어떨까?

TIP!
여기서 소개하는 방법을 응용하여 자신만의 문구를 디자인하고
편물로 만들어보자. 혹은 252쪽을 참고하여 모눈뜨기를 해도 좋다.

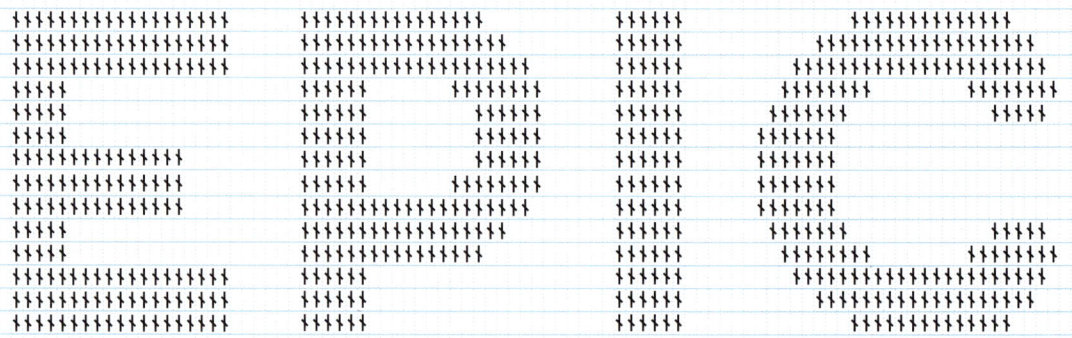
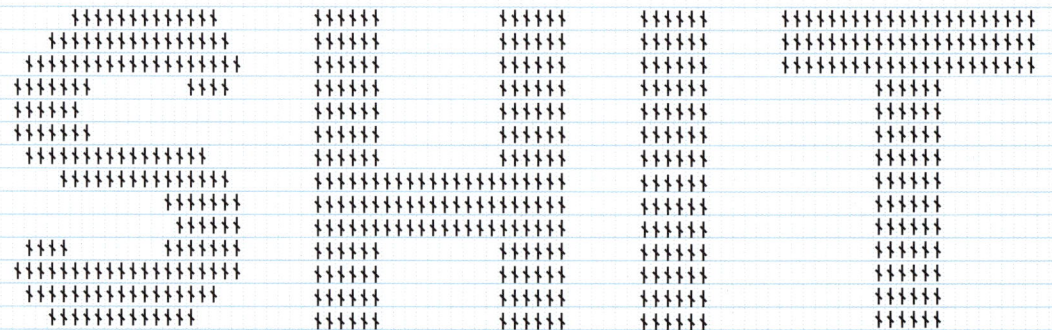
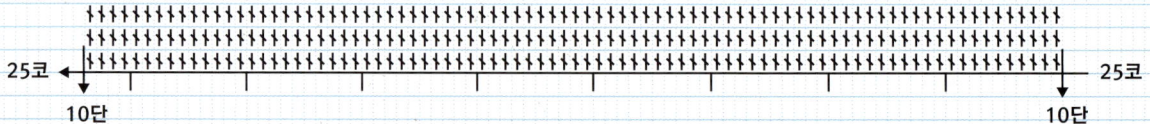

포스터는 두 가지 색 실을 이용해 왕복뜨기로 한길긴뜨기를 하여 만든다(단계별 설명은 248쪽 참조). 쉬는 실은 한길긴뜨기에 함께 넣어 뜬다. 아래쪽 가장자리부터 시작한다.

1단. 흰색 실로 사슬뜨기 136코를 떠서 시작한다. 바늘에서 네 번째 사슬코에 첫 번째 한길긴뜨기를 한다. 검은색 실도 함께 걸쳐 뜨면서, 각 사슬코에 한길긴뜨기를 한다. 마지막 한길긴뜨기 코에는 검은색 실을 넣지 않고 뜬다. 단 끝에서 검은색 실을 살짝 당겨주어 코 사이에서 늘어지지 않게 주의한다. 1단에는 한길긴뜨기 134코가 들어간다.

2단. 첫 번째 한길긴뜨기 코를 만들기 위해 흰색 실로 사슬뜨기 3코를 뜬다. 아랫단 사슬코의 양쪽 고리 아래를 모두 지나도록 바늘을 넣으며 코마다 한길긴뜨기를 한다. 단의 첫 코부터 마지막에서 두 번째 코까지 검은색 실을 함께 넣어가며 뜬 뒤에, 단의 끝에서 검은색 실을 살살 당겨준다.

3-10단. 2단과 같은 방법으로 뜬다. 가장자리에 걸쳐지는 검은색 실 고리는 언제나 편물의 뒷면에 오도록 주의한다.

11단. 흰색 실로 사슬뜨기 3코를 뜬다. 한길긴뜨기 23코를 뜬 뒤에, 다음 한길긴뜨기 코를 뜨다가 마지막 단계에서 바늘에 검은색 실을 건다. 검은색 실로 한길긴뜨기 84코를 뜬 뒤에 흰색 실로 바꾼다. 흰색 실로 한길긴뜨기 25코를 뜬다. 이번 단에서 도안 디자인의 위치가 정해진다.

12-13단. 11단과 같은 방법으로 뜬다.

14-19단. 검은색 실을 코 안에 넣어 함께 뜨면서 흰색 실로 한길긴뜨기를 한다.

20단. 이번 단에서 글자를 뜨기 시작한다. 도안을 따라서 계속 떠 나간다. 검은색 실 고리는 편물 뒷면의 가장자리에 남아 있어야 한다는 것을 명심하자.

편물은 총 92단으로 완성된다. 실을 끊고 정리한다.

한길긴뜨기, 검은색 실

한길긴뜨기, 흰색 실

활자 디자이너인 야르노가 폰트 디자인을 하고 있다. 글자는 먼저 손으로 그린 다음에, 컴퓨터로 작업한다. 야르노는 망치와 끌을 이용해 대리석 표면에 디자인을 새겨 넣는 작업도 즐긴다.

스피커 커버

사이즈	실	코바늘
폭. 42cm	라마나, 이카	3.5mm (모사용 6호)
높이. 32cm (윗면이 없을 때)	(청록색 50g×3, 검은색 50g×1, 산호색 50g×2)	4.5mm (모사용 7.5호)
	대체실 : 딸리아, 클라우드 린넨 VIP 필 트위스트 마크라메	

기타

오디오 스피커 (약 42×32cm)

스피커의 역할은 당연히 듣는 이에게 소리를 전달하는 것이다.
그렇다고 해서 스피커가 근사해보이지 말란 법은 없다.
코바늘로 뜬 커버는 실용적인 물건에 시각적인 효과를 더해줄
뿐만 아니라, 거실이나 서재에 멋진 오브제가 되어준다.

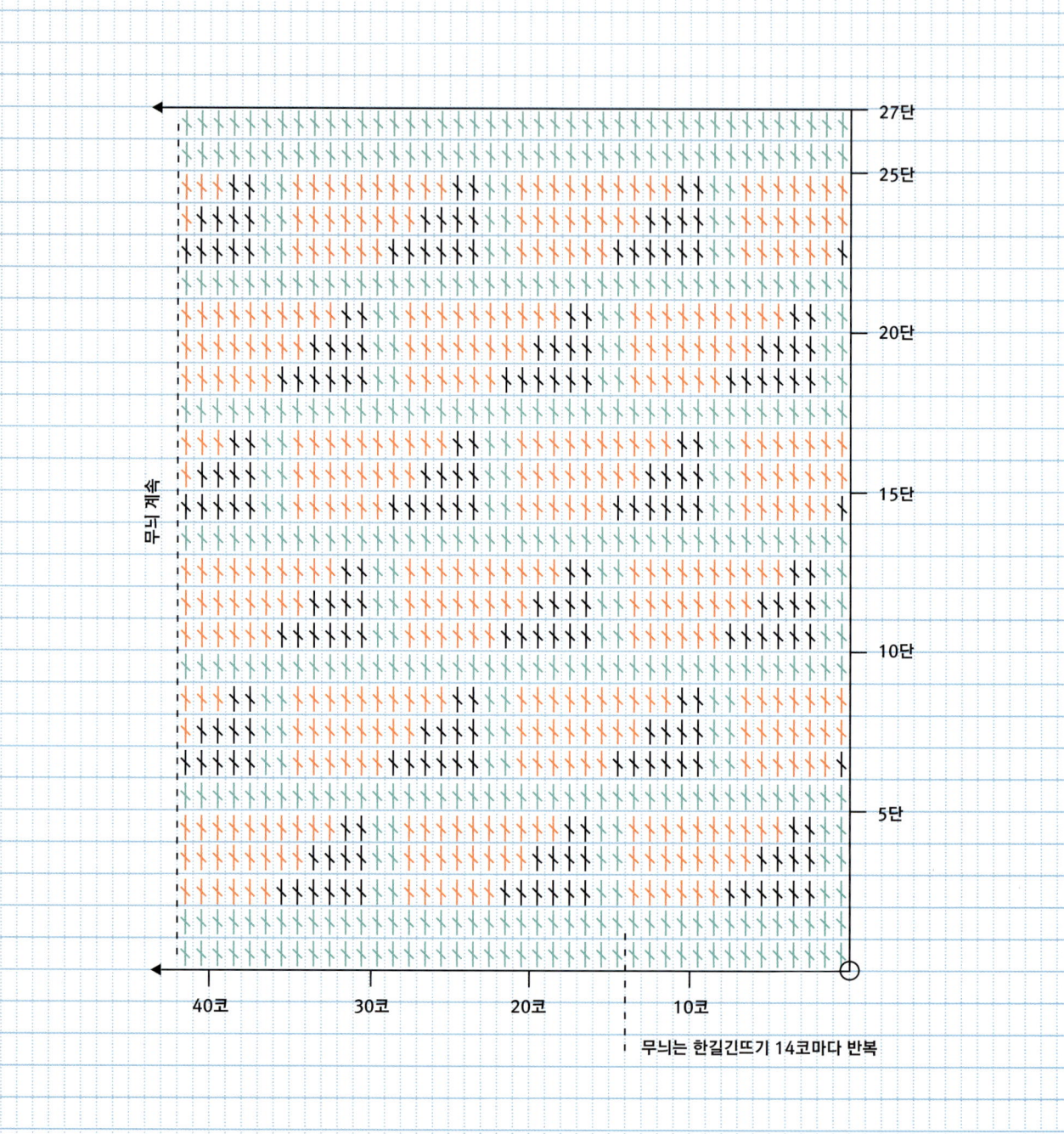

스피커 커버는 세 가지 색 실을 이용해 원통형뜨기로 한길긴 뜨기를 하여 만든다. 두 가지 색 실을 이용한 한길긴뜨기 기법과 같은 방법이다(단계별 설명은 246쪽 참조). 쉬는 실은 모두 코 안에 넣어 함께 뜬다.

1단. 4.5mm 코바늘을 이용해 청록색 실로 사슬뜨기 126코를 떠서 시작한다. 편물이 완성되었을 때 너무 촘촘하게 조이지 않도록 사슬코를 느슨하게 뜬다. 코가 꼬이지 않았는지 확인한 뒤에, 빼뜨기로 양 끝을 연결하여 원통 형태를 만든다. 사슬뜨기 3코를 떠서 첫 번째 한길긴뜨기 코를 만든다. 각 사슬코마다 한길긴뜨기 1코씩을 뜬다. 쉬는 실들은 처음부터 함께 걸치면서 코 안에 넣어 뜬다. 시작점에서 세 번째 사슬코에 빼뜨기를 하여 단을 원통으로 연결한다.

2단. 청록색 실로 한길긴뜨기를 한다. 이때 쉬는 실들은 코 안에 넣어 함께 옮기는 것을 잊지 말자.

3단. 쉬는 실들을 함께 옮기면서, 청록색 실로 사슬뜨기 3코를 떠서 시작한다. 다음 코 마지막 단계에서 실을 바꾸어 검은색 실을 바늘에 건다. 검은색 실로 한길긴뜨기 5코를 뜬다. 여섯 번째 코에서 산호색 실로 바꾸고, 한길긴뜨기 5코를 뜬다. 여섯 번째 코에서 다시 청록색 실로 바꾼다. 청록색 실 한길긴뜨기 2코, 검은색 실 한길긴뜨기 6코, 산호색 실 한길긴뜨기 6코로 이루어진 무늬를 반복해서 뜬다. 시작점에서 세 번째 사슬코에 빼뜨기를 하여 원통으로 연결한다.

4단. 청록색 실로 사슬뜨기 3코를 뜬다. 한길긴뜨기 1코를 뜬 다음, 다음 코에서 검은색 실로 바꾼다. 검은색 실 한길긴뜨기 4코, 산호색 실 한길긴뜨기 8코를 뜨면서 반복되는 무늬를 완성한다. 단을 끝낼 때는 언제나 세 번째 사슬코에 빼뜨기를 하여 원통으로 연결한다.

도안을 따라 계속 떠 나간다. 뜨는 중간에 가는 바늘로 바꾸어서, 스피커에 잘 맞도록 커버의 위쪽이 약간 좁아지게 뜬다. 편물에는 무늬가 여섯 줄 만들어지고, 청록색 실로 뜬 2단을 포함하여 총 25단이 들어간다. 이 편물의 위쪽 가장자리를 따라 청록색 실로 한길긴뜨기 2단을 더 뜬 다음, 실을 잘라 정리하고 마무리한다.

| 한길긴뜨기, 청록색 실
| 한길긴뜨기, 검은색 실
| 한길긴뜨기, 산호색 실

윗면 만들기

윗면은 3.5㎜ 코바늘을 이용해 청록색 실로 뜬다.

1. 윗면을 만들려면 옆면에서 한길긴뜨기 코를 줄이면서, 왕복뜨기로 한길긴뜨기 6단을 뜬다. 우선 단이 끝나는 지점, 즉 새로운 단을 시작하는 지점에서 한길긴뜨기 16코를 뜨고, 바늘을 다음 코에 넣는다. 바늘을 실에 걸고 당겨 코에서 빼낸 다음, 사슬뜨기 2코를 더 뜬다. 이 코들은 윗면의 첫 번째 한길긴뜨기 코가 된다. 계속해서 한길긴뜨기 51코를 더 뜬 다음, 사슬뜨기 2코를 뜨고 편물을 뒤집는다. 각 코마다 한길긴뜨기 1코를 뜨고, 가장자리에서 한길긴뜨기 2코를 1코로 모아 뜬다. 이렇게 하려면 바늘을 다음 코에 넣고, 실을 바늘에 감은 뒤에 바늘에 걸린 고리 2개를 통해서 한꺼번에 실을 빼낸다. 다음 코에서도 반복한다. 이제 바늘에는 세 코가 걸려 있다. 바늘에 실을 걸고 바늘에 걸린 모든 코를 통해서 한꺼번에 실을 빼낸다. 이제 첫 번째 코 줄임이 완성된 것이다. **2-6단.** 사슬뜨기 2코, 각 코마다 한길긴뜨기 1코, 가장자리에서 한길긴뜨기 2코 모아뜨기. 6단을 끝까지 다 뜬 뒤에는 한길긴뜨기 44코가 남게 된다.

2. 윗면의 가장자리를 모아서 손으로 바느질하여 연결한 다음, 실을 잘라 보이지 않게 정리한다.

3. 커버를 스피커에 씌운다. 편물 모양이 망가질 수 있으니 커버를 너무 세게 당기지 않도록 주의한다.

4. 실 한 가닥을 바늘에 끼우고, 편물 아래쪽 가장자리 코에 번갈아 넣어가며 꿰맨다.

5. 실을 잡아당겨 가장자리를 오므린 다음 묶는다. 커버가 완성되었다.

다른 인테리어 소품들과 마찬가지로 스피커 커버도 여기 소개된 것과 다른 색상으로 만들어도 좋다. 꾸미려는 방에 어울리는 색으로 마음껏 골라보자.

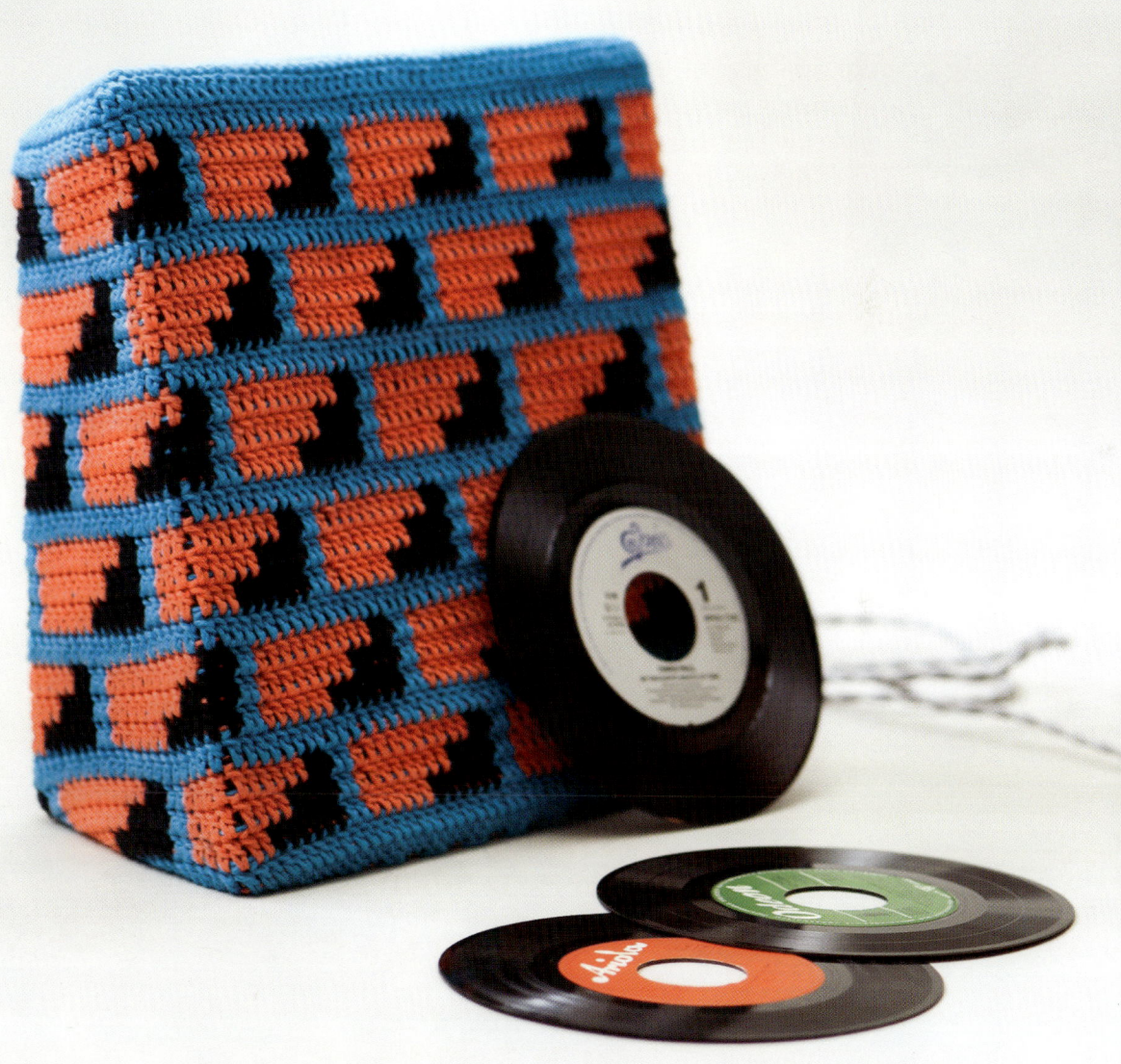

<업라우드 오디오>의 공동창업자인 투카가 컴포넌트를 살피고 있다. 여기서 사용한 스피커 역시 이 회사 제품이다. 업라우드 오디오의 모든 스피커는 수작업으로 조립하여 자체적으로 고안한 케이스에 넣는다. 이 케이스는 음향학적으로 투과성이 뛰어난 재질로 만들어 모든 음향 주파수가 왜곡되지 않고 통과된다. 음질을 그대로 유지하려면 조직이 느슨한 면사로 커버를 뜨는 것이 가장 좋다.

밴드
포스터

사이즈	실	코바늘
폭. 120cm	리나 피시 넷 트와인 12겹	1.75㎜
높이. 50cm	(흰색 600g)	(레이스 0호)
	대체실 :	
	피마룩스 35수, 까사리아	

복고풍 감성과 데스 메탈의 결합? 가능하다! 어떤 음악 장르라도 상관없다. 가장 좋아하는 밴드의 로고를 거대한 코바늘 뜨개 작품으로 만들어보자. 음악 축제에 갈 때는 이렇게 만든 작품을 깃대에 매달아 준비해보면 어떨까? 곧 수많은 팬들의 부러움을 한 몸에 받게 될 것이다. 그리고 다들 로고 코바늘 뜨개의 비법을 배우고 싶어 안달할 것이다.

TIP!
이 모눈뜨기 작품은 좋아하는 밴드 로고로 바꾸어 응용할 수 있다.
먼저 모눈종이에 연필로 밴드 로고를 그려넣는다.
적당한 바늘과 실을 고른다. 탄탄한 면사를 선택하는 것이 좋다.
그리고 견본으로 10×10칸을 먼저 떠본다.
이 견본을 측정하면 완성작의 사이즈를 가늠할 수 있다.

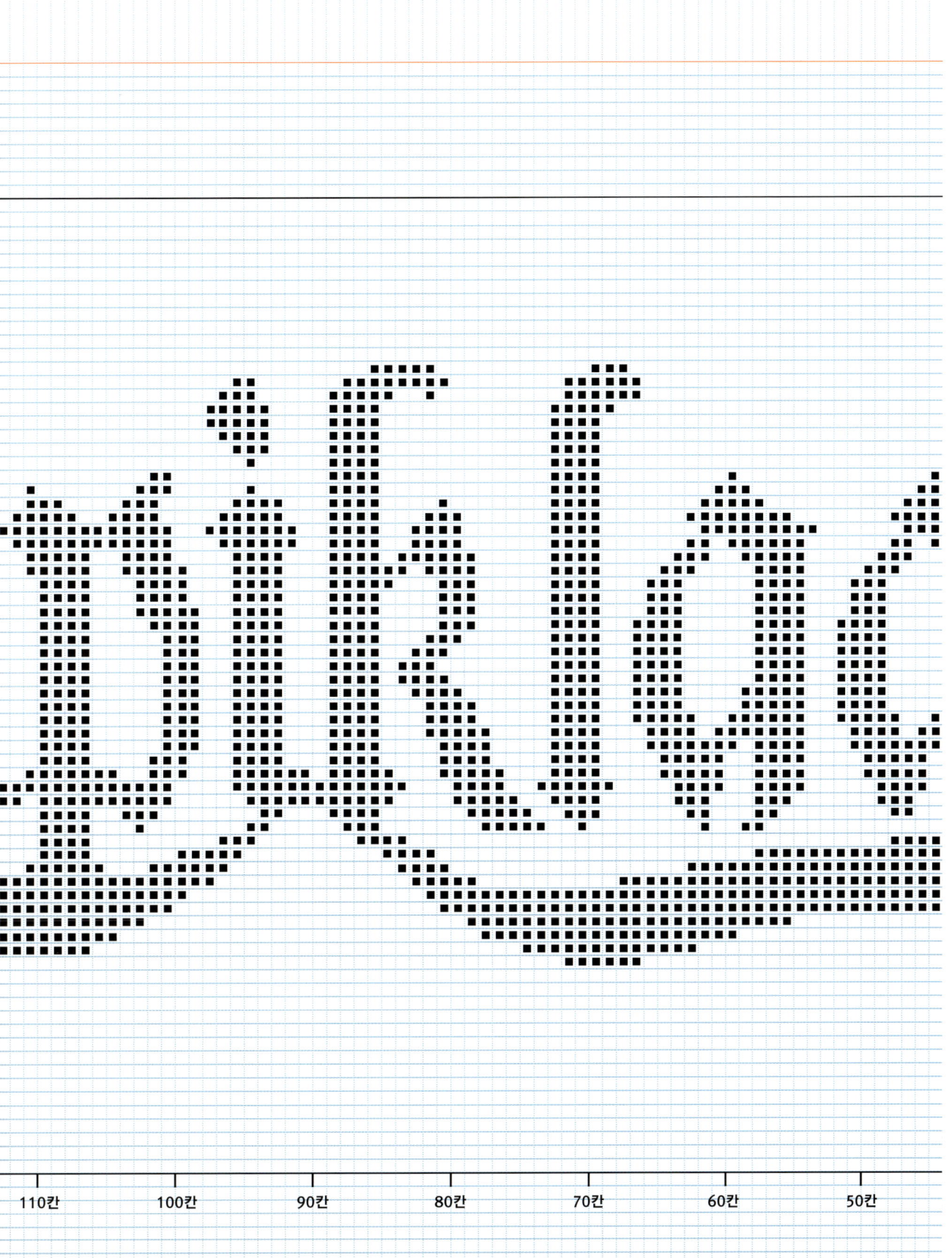

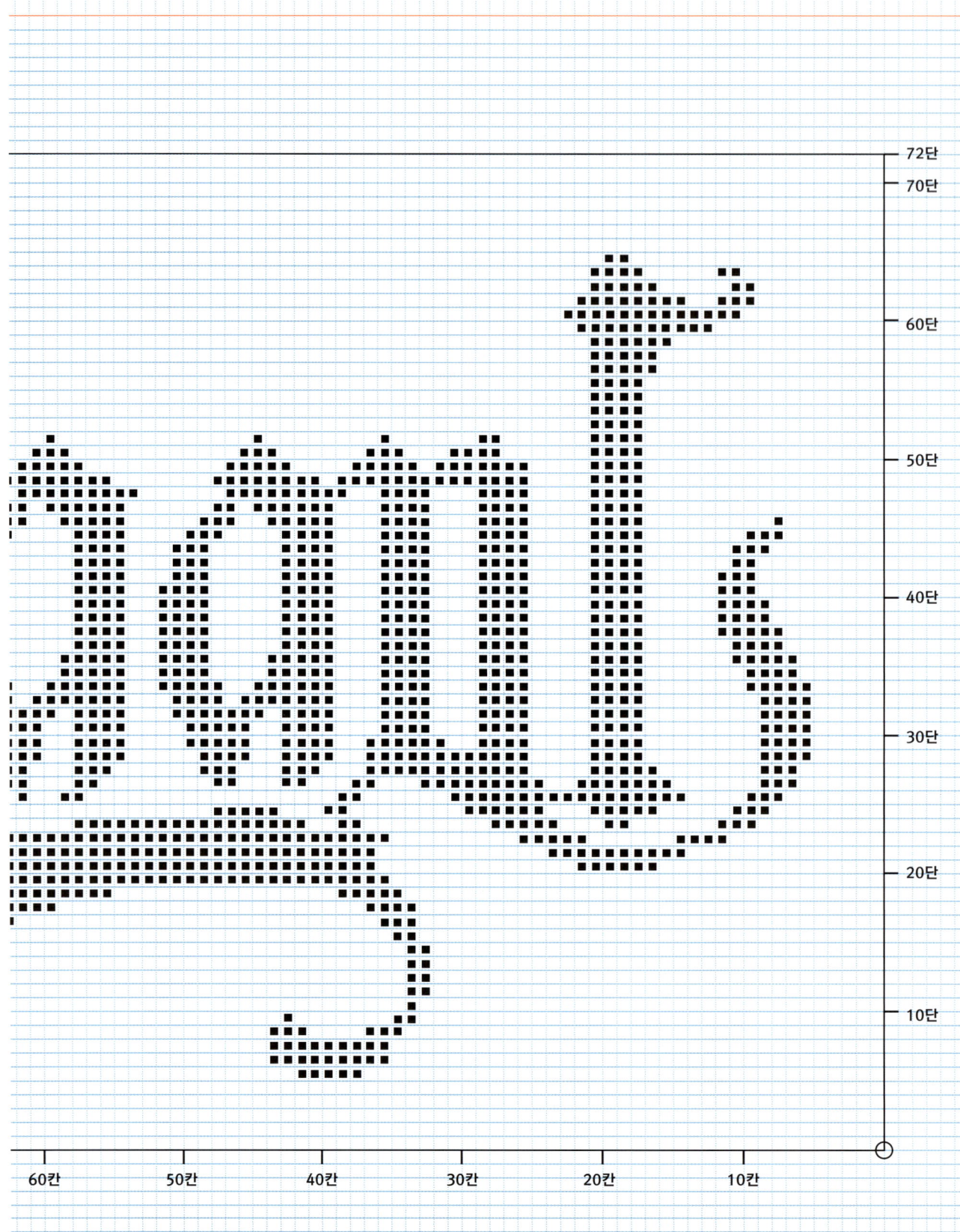

밴드 포스터는 모눈뜨기로 만든다(단계별 설명은 252쪽 참조). 아래에서 위로 떠 나간다.

1단. 사슬뜨기 365코로 시작한다. 바늘에 실을 감고, 바늘에서 일곱 번째 코에 첫 번째 한길긴뜨기를 한다. 이제 빈칸 하나가 완성되었다. 사슬뜨기 1코, 1코 거르기, 한길긴뜨기 1코를 단의 끝까지 반복한다. 1단에는 빈칸 180개가 들어간다. 혹시 코를 너무 많이 떴다면, 마무리할 한 코만을 남기고 불필요한 사슬코를 풀면 된다. 이렇게 해도 사슬뜨기 코가 고정되어 있기 때문에 나머지 편물은 풀리지 않는다. 만일 코가 부족하다면 실 끝을 이용해서 사슬뜨기를 더 뜬다.

2단. 사슬뜨기 4코를 뜨고 편물을 뒤집는다. 바늘에 실을 감고, 직전 단에서 한길긴뜨기로 만든 기둥코에 한길긴뜨기 1코를 뜬다. 이때 바늘을 아랫단 코의 양쪽 고리 아래로 모두 지나도록 넣는다. 각 기둥코에 한길긴뜨기 1코씩을 뜨고, 코 사이에는 항상 사슬뜨기 1코를 뜬다. 단의 끝에서는 사슬뜨기의 두 번째 코에 한길긴뜨기 1코를 뜬다. 2단에는 빈칸 180개가 들어간다.

3-5단. 2단과 같은 방법으로 뜬다.

6단. 이번 단에서는 막힌 칸을 뜨게 된다. 첫 번째 막힌 칸은 가장자리에서 38번째 칸에 든다. 막힌 칸을 만들려면 직전 단의 기둥코에 한길긴뜨기를 하고, 직전 단의 기둥코 사이에 있는 사슬뜨기 코에도 한길긴뜨기를 한다. 그리고 직전 단의 다음 기둥코에 한길긴뜨기를 한 번 더 뜬다. 이렇게 하면 막힌 칸 한 개가 완성된다. 여기에 막힌 칸이 하나라면, 계속해서 빈칸을 떠 나가면 된다. 만일 막힌 칸이 여러 개 이어진다면 코 사이에 사슬뜨기를 하지 않고 한길긴뜨기를 계속하면 된다. 편물을 다시 풀어내는 일이 없도록 막힌 칸을 주의 깊게 세어 뜨도록 한다. 나도 포스터를 완성한 뒤에 잘못 뜬 칸을 다섯 개나 발견했지만, 로고의 형태가 대칭적이지 않아서 실수가 눈에 띄지는 않았다.

계속해서 도안을 따라 떠 나간다. 뜨면서 각 단이 180칸인지 계속 확인하도록 하자. 총 72단을 뜨면 편물이 완성된다. 실을 자르고 실 끝을 정리한다.

■ 막힌 칸

☐ 빈칸

줄무늬 스웨터

사이즈	**실**	**코바늘**
실에 따라 사이즈가 달라진다. 여기서는 남성복 M 사이즈에 맞추었다.	게파드 쇠만드 가른 (진청색 150g × 3, 회색 150g × 3) 대체실 : 파트너 6, 필 에어 페루	4㎜ (모사용 7호)

기타
주머니를 만들 가죽 원단 소량

굵은 아이슬란드 울 실로 뜬 스웨터는 남성적인 분위기가 물씬 풍긴다.
이 옷을 입고 외롭게 파이프 담배를 피우는 모습을 상상할 수 있을 정도다.
봄에는 반팔 티셔츠 위에 가볍게 입고, 겨울에는 재킷 안에 포근하고
따뜻하게 입을 수 있다. 내 아버지는 카렐리아 북부의 싸늘한 6월 저녁,
장작을 패러 나가면서 이 스웨터를 입으셨다.

1

2

줄무늬 스웨터는 나선형으로 진행하는 원통형뜨기로, 위에서 아래를 향해 떠 나간다. 목선에서 뜨기 시작하여 겨드랑이까지 윗부분은 직사각형으로 뜬다. 편물을 시작할 때는 각 단의 네 모서리에서 코를 더해가며 원하는 크기에 맞추어 뜬다. 몸통과 소매는 별도의 편물로 뜬다.

몸통

1 **1단.** 진청색 실로 사슬뜨기 112코를 만들어 시작한다. 사슬뜨기 코는 느슨하게 떠서 완성작이 너무 조밀하게 당겨지지 않도록 한다. 코가 꼬이지 않았는지 확인한 뒤에, 빼뜨기로 단을 연결해 원통형을 만든다. 사슬뜨기 4코를 뜬다. 이때 첫 3코는 단의 첫 번째 기둥 코가 되고, 네 번째 코는 모서리가 된다. 시작하는 코에 한길긴뜨기 1코를 뜬 다음, 계속해서 한길긴뜨기 21코를 뜬다. 사슬뜨기 1코를 뜨고, 직전 한길긴뜨기 코와 같은 코에 한길긴뜨기 1코를 뜬다. 한길긴뜨기 34코를 뜬 뒤에, 다음 코에 한길긴뜨기 1코, 사슬뜨기 1코, 한길긴뜨기 1코를 뜬다. 한길긴뜨기 20코를 뜨고, 다음 코에 한길긴뜨기 1코, 사슬뜨기 1코, 한길긴뜨기 1코를 뜬다. 다시 한길긴뜨기 34코를 뜬다. 시작점에서 세 번째 사슬코에 빼뜨기를 하여 단을 마무리한다. 이때 빼뜨기를 하면서 바늘에 회색 실을 감는다.
2단. 회색 실로 사슬뜨기 4코를 만들어 시작한다. 이 사슬코는 1단 시작할 때 뜬 사슬코와 같은 역할을 한다. 쉬는 실은 함께 걸쳐 뜨지 않고, 실을 바꾸는 위치에서 다시 가져온다. 직전 단의 모서리 사슬코에 한길긴뜨기 1코를 뜨고, 계속해서 한길긴뜨기 코마다 한길긴뜨기 1코를 뜬다. 다음 모서리에서, 같은 사슬코에 한길긴뜨기 1코, 사슬뜨기 1코, 한길긴뜨기 1코를 뜬다. 이런 식으로 각 단의 네 모서리에 코를 더해가면서, 고르게 크기를 늘려갈 수 있다. 이 단의 앞판과 뒤판에 한길긴뜨기 38코를 뜬 다음, 소매에서 한길긴뜨기 24코를 뜬다. 단의 끝에서는 시작할 때 사슬코를 뜬 자리에 마지막 한길긴뜨기를 한다. 빼뜨기로 단을 연결하고 진청색 실을 바늘에 감는다.

3단. 2단과 같은 방법으로 뜬다. 단의 각 모서리마다 한길긴뜨기 1코, 사슬뜨기 1코, 한길긴뜨기 1코를 뜬다. 단이 끝날 때는 언제나 시작점에서 세 번째 사슬코에 빼뜨기로 연결한다. 빼뜨기를 하면서 다음 색 실을 바늘에 건다. 계속해서 같은 방법으로 떠 나간다. 25단, 또는 직사각형 윗부분이 치수에 맞게 적당한 크기가 될 때까지 뜬다. 실은 끊지 않는다. 스웨터를 직접 입어보고 편물의 둘레가 충분한지 가늠해본다. 몸판이나 소매 부분 모두 약간 여유가 있어야 한다. 여기까지 떴으면 몸판 윗부분은 한길긴뜨기 168코, 양쪽 소매를 연결할 부분은 한길긴뜨기 70코가 된다. 필요에 따라 실을 풀거나 단을 더 뜨도록 한다. 이제 편물의 겉면이 밖으로 보이도록 반으로 접는다. 그리고 단에서 실을 바꾸는 겨드랑이 지점부터 몸판을 원통형으로 뜨기 시작한다.

2 모서리 사슬코에서 회색 실로 사슬뜨기 3코를 떠서 단의 첫 번째 기둥을 만든다. 계속해서 각 한길긴뜨기 코마다 한길긴뜨기 1코를 뜬다. 몸판의 두 번째 겨드랑이 위치에서 사슬코 2코에 각각 한길긴뜨기 1코씩을 뜬 다음, 계속해서 단을 떠 나간다. 겨드랑이 부분에 생기는 작은 구멍은 편물을 다 뜬 후에 바느질로 막아주면 된다. 시작점에서 세 번째 사슬코에 빼뜨기로 연결하면서, 진청색 실을 바늘에 건다. 단을 다 뜨면, 편물에는 한길긴뜨기 총 170코와 각 모서리에 추가된 한길긴뜨기 2+2코가 만들어진다. 이후로는 몸판에서 더 이상 코를 늘릴 필요가 없다. 이제 각 단마다 실을 바꾸어가며 원하는 길이만큼 뜨면 된다. 이 스웨터의 몸판에는 총 34단이 들어간다. 여기에 짧은뜨기 1단을 더 뜨고, 빼뜨기로 가장자리를 마무리한다. 실을 자르고 끝이 보이지 않게 정리한다.

소매

3 몸판과 같은 방법으로 소매를 뜨기 시작한다. 회색 실로 각 한길긴뜨기 코마다 한길긴뜨기 1코씩을 뜨고, 시작점에서 세 번째 사슬코에 빼뜨기를 하면서 바늘에 거는 실은 진청색으로 바꾼다. 단에는 한길긴뜨기 70코가 들어가게 된다.
2단. 사슬뜨기 3코, 다음 한길긴뜨기 2코를 모아 뜬다. 계속해서 각 코마다 한길긴뜨기 1코씩을 뜨고 빼뜨기로 단을 연결한다.
3단. 회색 실로 한길긴뜨기 1코씩을 뜬다.

4단. 진청색 실로 한길긴뜨기 1코씩을 뜨고, 단의 마지막 2코는 모아 뜬다. 진청색 실로 뜨는 단에서만 한 코씩 줄이고, 단의 시작과 끝에서 번갈아가며 줄인다. 3~4단과 같은 방법으로 39단까지 뜬다. 코를 줄이는 단이 끝난 뒤에는, 줄무늬 배색을 지키면서 코 줄임 없이 13단을 뜨거나, 원하는 소매 길이에 맞는 단만큼 뜬다. 소맷부리에 짧은뜨기 1단을 더 뜨고, 가장자리는 빼뜨기로 마무리한다. 실을 잘라 끝이 보이지 않게 정리한다. 다른 쪽 소매도 같은 방법으로 뜬다.

목선

4 스웨터 등판의 목선에 한길긴뜨기를 하면서 왕복뜨기 4단을 뜬다. 목선의 겉면에서 뜨기 시작해서 코마다 한길긴뜨기 1코씩을 뜬다.

5 사슬뜨기 2코를 뜬 다음, 빼뜨기로 목선 가장자리에 사슬뜨기 코를 연결하고 편물을 돌린다. 같은 코에 한길긴뜨기 1코를 뜨고, 계속해서 코마다 한길긴뜨기를 한다. 단의 끝에서는 같은 자리에 한길긴뜨기 2코를 뜬다. 사슬뜨기 2코를 뜬 다음, 빼뜨기로 목선 가장자리에 사슬뜨기 코를 연결하고 편물을 돌린다. 같은 방법으로 총 4단을 뜬다. 단의 끝에는 항상 한길긴뜨기 1코를 더 뜬다. 네 번째 단을 마친 뒤에는 사슬뜨기 1코를 뜨고, 편물을 돌린다. 목선을 따라 원통형으로 돌아가며 코마다 짧은뜨기를 한다. 마지막은 빼뜨기로 돌아가며 마무리한 다음, 실을 잘라 보이지 않게 정리해 넣는다.

6 질긴 실로 스웨터 앞면에 주머니를 달아준다. 더 견고한 스웨터를 만들고 싶다면 팔꿈치 부분에도 가죽을 덧대준다.

7 줄무늬 스웨터가 완성되었다.

닻 무늬 주머니

사이즈
폭. 15cm
높이. 17cm

실
리나 피시넷 트와인 (노란색과 파란색 소량씩)
대체실 : 피마룩스 35수, 까사리아

코바늘
1.75mm (레이스 0호)

기타
단추

닻 무늬가 들어간 주머니는 뜨는 데 오래 걸리지 않고 실도 많이 들지 않는다. 주머니 입구에는 단춧구멍을 만들고, 단추는 티셔츠에 달아준다. 주머니는 두 가지 색 실을 이용해 왕복뜨기로 만든다(단계별 설명은 248쪽 참조).

1단. 노란색 실로 사슬뜨기 40코를 떠서 시작한다. 바늘에서 네 번째 사슬코에 한길긴뜨기 1코를 뜨고, 파란색 실은 함께 가져가면서 한길긴뜨기 1단을 뜬다. 단의 마지막 한 코를 남긴 위치에서 파란색 실을 놓아둔다. 이 단에는 한길긴뜨기 38코가 들어간다. **2-4단.** 시작할 때는 항상 사슬뜨기 3코를 뜬다. 파란색 실을 함께 가져가면서 한길긴뜨기 1코씩을 뜬다. 파란색 실은 단의 마지막 한 코를 남긴 위치에 놓아둔다. 단의 양 끝에 오는 파란색 실은 항상 편물의 뒷면에 두는 것을 잊지 말자. **5단.** 노란색 실로 한길긴뜨기 12코, 파란색 실로 한길긴뜨기 14코, 노란색 실로 한길긴뜨기 12코를 뜬다. **6단.** 노란색 실로 한길긴뜨기 9코, 파란색 실로 한길긴뜨기 20코, 노란색 실로 한길긴뜨기 9코를 뜬다. **7단.** 노란색 실로 한길긴뜨기 7코, 파란색 실로 한길긴뜨기 6코, 노란색 실로 한길긴뜨기 4코, 파란색 실로 한길긴뜨기 4코, 노란색 실로 한길긴뜨기 4코, 파란색 실로 한길긴뜨기 6코, 노란색 실로 한길긴뜨기 7코를 뜬다. **8단.** 노란색 실로 한길긴뜨기 6코, 파란색 실로 한길긴뜨기 4코, 노란색 실로 한길긴뜨기 7코, 파란색 실로 한길긴뜨기 4코, 노란색 실로 한길긴뜨기 7코, 파란색 실로 한길긴뜨기 4코, 노란색 실로 한길긴뜨기 6코를 뜬다. **9-10단.** 노란색 실로 한길긴뜨기 5코, 파란색 실로 한길긴뜨기 3코, 노란색 실로 한길긴뜨기 9코, 파란색 실로 한길긴뜨기 4코, 노란색 실로 한길긴뜨기 9코, 파란색 실로 한길긴뜨기 3코, 노란색 실로 한길긴뜨기 5코를 뜬다. **11단.** 노란색 실로 한길긴뜨기 17코, 파란색 실로 한길긴뜨기 4코, 노란색 실로 한길긴뜨기 17코를 뜬다. **12단.** 노란색 실로 한길긴뜨기 12코, 파란색 실로 한길긴뜨기 14코, 노란색 실로 한길긴뜨기 12코를 뜬다. **13-14단.** 11단과 같은 방법으로 뜬다. **15단.** 노란색 실로 한길긴뜨기 15코, 파란색 실로 한길긴뜨기 8코, 노란색 실로 한길긴뜨기 15코를 뜬다. **16단.** 노란색 실로 한길긴뜨기 14코, 파란색 실로 한길긴뜨기 3코, 노란색 실로 한길긴뜨기 4코, 파란색 실로 한길긴뜨기 3코, 노란색 실로 한길긴뜨기 14코를 뜬다. **17단.** 노란색 실로 한길긴뜨기 13코, 파란색 실로 한길긴뜨기 3코, 노란색 실로 한길긴뜨기 6코, 파란색 실로 한길긴뜨기 3코, 노란색 실로 한길긴뜨기 13코를 뜬다. **18단.** 16단과 같은 방법으로 뜬다. **19단.** 15단과 같은 방법으로 뜬다. **20-22단.** 노란색 실로 한길긴뜨기한다.

주머니 가장자리를 돌아가며 짧은뜨기를 한다. 위쪽 가장자리에서는 적당한 곳에 사슬뜨기를 몇 코 떠서 단춧구멍을 만든다. 159쪽의 음료수 캐리어 뜨는 방법을 참조하면 된다. 단춧구멍은 단추 길이에 맞추도록 한다. 실을 잘라 끝이 보이지 않게 정리한 다음, 주머니를 티셔츠에 달아준다.

핸드 워머

사이즈
뜨는 실에 따라
달라진다.

실
매들린토시, 삭
(약 100g 1타래)

대체실 : 필 메리노스 6

코바늘
3.5㎜ (모사용 6호)

울 소재의 핸드 워머는 여행을 즐기는 사진가에게 아주 유용할 것이다.
혹은 누구든 야외활동을 할 때 손은 따뜻하게 유지하면서 손가락은
자유롭게 움직이길 원한다면 가방에 챙겨두기 좋은 장갑이다.
같은 방법으로 실만 다르게 골라 뜨면 다양한 크기의 장갑을 만들 수 있다.
가는 실로는 작은 장갑을, 굵은 실이나 두 겹으로 뜨면 큰 장갑을 만들 수 있다.
엄지손가락 부분은 자투리 실을 이용해 떠도 좋다.

손목

1. 실을 비슷한 크기의 두 뭉치로 나누어 감아둔다. 각 뭉치에서 실 한 가닥씩을 뽑아 겹쳐 쥔다. 사슬뜨기 16코를 뜬다. 바늘에서 두 번째 사슬코에 바늘을 넣고 짧은뜨기 15코로 1단을 뜬다. 편물을 뒤집어서 각 코에 짧은뜨기 1코씩 뜬다. 이때 바늘은 각 코의 뒤쪽 고리 반코에만 넣는다. 고무뜨기는 총 38단이 들어간다. 고무뜨기하는 방법은 250쪽을 참고하자.

2. 고무뜨기 단을 마친 뒤에는 바늘을 첫 번째 단의 가장자리 사슬코에 넣은 다음, 마지막 단의 마지막 고리에 넣는다.

3. 빼뜨기를 하면서 고무뜨기 단의 양쪽 짧은 가장자리를 이어준다.

손

4. 사슬뜨기 3코로 원통형으로 뜨는 단의 첫 번째 기둥코를 만든다.

5. 손 부분의 첫 번째 원통형뜨기 단에서, 손목 부분 각 단의 끝에 한길긴뜨기 1코씩을 뜬다. 시작점에서 세 번째 사슬코에 빼뜨기를 하여 단을 원통으로 연결한다. 이 원통형뜨기 단에는 한길긴뜨기 총 39코가 들어간다.

6. 각 단의 시작에는 사슬뜨기 3코를 뜬다.

7. 코마다 한길긴뜨기 1코를 뜨면서 계속 떠 나간다. 이때 바늘은 코의 양쪽 고리 아래를 모두 지나도록 넣는다. 원하는 크기에 따라서 4~5단을 원통형으로 뜬다.

8. 이번에는 엄지손가락 연결부를 만들 차례다. 사슬뜨기 3코를 뜬 다음, 한길긴뜨기 9코를 떠서 원통형으로 뜨는 단을 시작한다.

9. 사슬뜨기 8코를 뜨고 8코를 거른 다음, 아홉 번째 코에 사슬뜨기 코를 이어준다. 계속해서 한길긴뜨기를 한다.

10. 다음 단에서 9번의 사슬뜨기 8코에 각각 한길긴뜨기를 1코씩 뜬다. 계속해서 한길긴뜨기를 떠 나간다.

11 엄지손가락 연결부를 다 뜬 뒤에는 한길긴뜨기 4단을 더 뜬다.

12 위쪽 가장자리 단을 돌아가며 빼뜨기로 마무리한다. 실을 잘라 끝이 보이지 않게 정리한다. 같은 방법으로 장갑 한 짝을 더 뜬다. 단 이번에는 엄지손가락 연결부를 오른쪽에 만든다. 사슬뜨기 3코, 한길긴뜨기 20코를 뜬 다음 사슬뜨기 8코, 8코 거르기를 하고 한길긴뜨기 10코를 더 뜨면 된다.

엄지손가락

13 엄지손가락은 실 한 가닥을 이용해 짧은뜨기로 뜬다. 엄지손가락 연결부의 아래쪽 가장자리를 따라 코마다 짧은뜨기 1코씩을 떠서 짧은뜨기 8코를 뜬다. 이때 바늘은 각 코의 양쪽 고리를 모두 지나도록 넣는다.

14 연결부 아래쪽에서 위쪽으로 올라가는 가장자리 코에는 엄지손가락 굵기에 맞추어 짧은뜨기 1~3코를 뜬다. 그리고 위쪽 가장자리 코마다 짧은뜨기 1~3코를 뜬다. 여성용의 경우에는 코마다 짧은뜨기 1코, 남성용은 코마다 짧은뜨기 3코를 뜨면 적당하다. 이렇게 하면 연결한 단에 짧은뜨기 18~22코가 들어간다. 계속해서 원통형으로 뜨면서 짧은뜨기로 7~8단을 더 뜬다. 마지막 단은 빼뜨기로 마무리한다. 실을 잘라 보이지 않게 정리하면, 핸드 워머가 완성된다.

이 핸드 워머는 실을 두 가닥으로 겹쳐서 떴다. 82쪽 사진의 핸드 워머는 조금 더 굵은 울 실을 두 겹으로 하여 뜬 것이다. 여성용은 같은 방법으로 한 사이즈 작게 뜬다.

넥 워머

사이즈	**실**	**코바늘**
길이. 50㎝ 높이. 24㎝	밀라미아, 내추럴리 소프트 메리노 (파란색 50g × 2, 베이지색 50g × 2, 초록색 50g × 1) 대체실 : 필 메리노스 3.5	2.5㎜ (모사용 4호)

기타	
끝까지 열리는 지퍼 (22㎝)	

지퍼가 달린 목도리는 만능 방한용품이다.
이 넥 워머는 활동하기에 좋고 실용적인 데다, 며칠 만에 완성할 수 있다.
여기에 재봉틀이나 손바느질로 지퍼를 달면 된다.
지퍼는 완전히 열리는 분리형 제품을 사용하는 것을 잊지 말자.

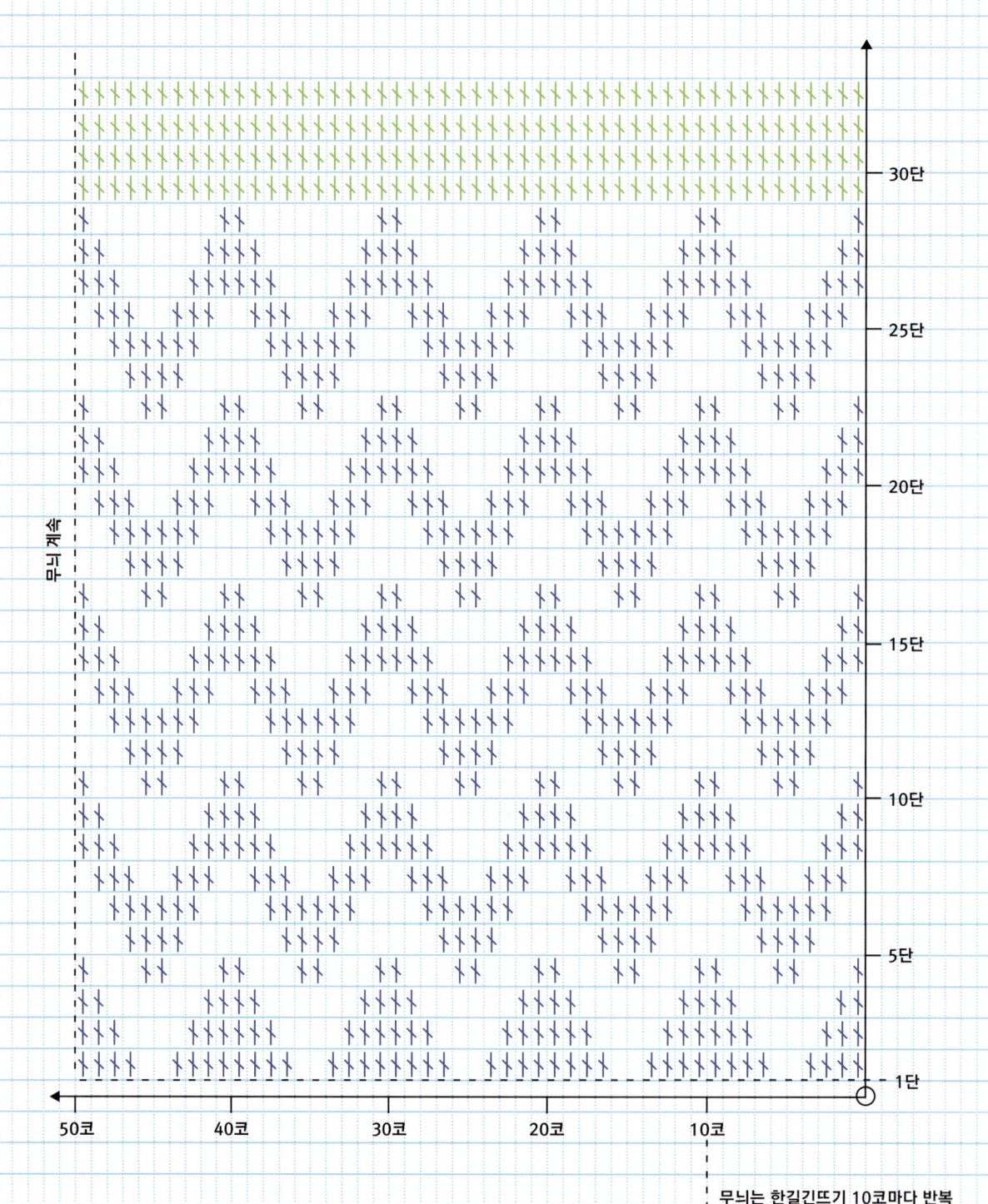

넥 워머는 두 가지 색 실을 이용해 원통형으로 한길긴뜨기를 하면서 만든다(단계별 설명은 246쪽 참조). 쉬는 실은 함께 걸치면서 코에 넣어 뜬다.

1단. 파란색 실로 사슬뜨기 120코를 떠서 시작한다. 이때 사슬코는 느슨하게 떠서 완성작이 너무 촘촘하게 당겨지지 않도록 한다. 꼬인 곳이 없는지 확인한 다음, 빼뜨기로 양 끝을 이어 원통형을 만든다. 짧은뜨기 1단을 뜬다. 사슬뜨기 1코로 시작하여, 각 사슬코에 짧은뜨기 1코씩을 뜨면 된다. 베이지색 실은 처음부터 함께 걸쳐서 가져온다.

2단. 파란색 실로 사슬뜨기 3코를 떠서 첫 번째 기둥을 만든다. 베이지색 실을 같이 걸쳐 뜨면서, 파란색 실로 한길긴뜨기 2코를 뜬다. 다음 한길긴뜨기 코에서 마지막으로 바늘에 거는 실을 베이지색으로 바꾼다. 베이지색 실로 한길긴뜨기 1코를 뜬 다음, 다음 한길긴뜨기 코의 마지막에서 다시 파란색 실을 바늘에 건다. 파란색 8코와 베이지색 2코로 이루어진 무늬가 반복된다. 파란색 실 한길긴뜨기 4코로 단을 마친다. 시작점에서 세 번째 사슬코에 빼뜨기를 하여 원통형으로 연결한다.

3단. 사슬뜨기 3코로 시작한다. 파란색 실로 한길긴뜨기 1코를 뜨고, 다음 한길긴뜨기의 마지막 단계에서 베이지색 실을 바늘에 건다. 베이지색 실로 한길긴뜨기 4코, 파란색 실로 한길긴뜨기 6코를 뜨는 무늬가 반복된다. 언제나 시작점에서 세 번째 사슬코에 빼뜨기로 연결하면서 단을 마친다. 29단까지 도안을 따라 떠 나간다. 30~37단은 초록색 실로만 뜨는데, 먼저 초록색 실타래에서 일부를 풀어내 작은 뭉치를 별도로 준비한다. 배색이 들어간 부분에서 쉬는 실을 옮길 때처럼, 작은 뭉치의 실을 함께 걸치면서 코에 넣어 뜬다. 초록색 실로 코마다 한길긴뜨기 1코씩을 뜨면서 총 8단을 뜬다.

38단. 2~29단과 같은 무늬로 뜬다. 여기서는 무늬가 거울상처럼 대칭을 이루므로 38단은 29단과 똑같다.

마지막 한길긴뜨기 단을 따라서 파란색 실로 짧은뜨기 1단을 뜬다. 이렇게 양 끝에 짧은뜨기 단이 있으면 지퍼를 꿰매기가 더 쉽다. 실을 잘라 끝이 보이지 않게 정리한다.

원통형 편물을 평평하게 펴 놓는다. 지퍼를 열어 분리한 다음, 각각을 처음과 마지막의 짧은뜨기 단의 뒷면에 핀으로 고정한다. 단이 바뀌는 부분이 아래쪽 가장자리에 오도록 편물을 맞추고, 지퍼를 중심으로 양쪽의 지그재그 무늬가 나란히 맞도록 주의한다. 두 겹의 편물 사이에 지퍼가 들어가도록 겉면에서 꿰맨다. 이때 편물 가장자리가 늘어나지 않도록 조심한다.

╱	한길긴뜨기, 파란색 실
☐	한길긴뜨기, 베이지색 실
╱	한길긴뜨기, 초록색 실

나비넥타이

사이즈	실	코바늘
폭. 11㎝ 높이. 5㎝	마하라자 실크 얀 (약 20g) 대체실 : 리즈베스 40수	1.25㎜ (레이스 4호)

기타		
낡은 나비넥타이 가죽 벨트 자투리		

여름 파티에 어울리는 가벼운 차림에는 실크 실로 뜬 나비넥타이가 제격이다.
겨울철 출근 복장에는 울 실로 뜬 나비넥타이가 따뜻해 보인다.
혹시 바쁘게 나비넥타이를 매야 한다면, 끈은 잊어버려도 좋다.
나비넥타이를 셔츠 깃에 옷핀으로 고정만 하면 되니까.

1   나비넥타이는 원통형으로 뜨는 한길긴뜨기로 만든다 (단계별 설명은 240쪽 참조). 사슬뜨기로 코를 만들고 빼뜨기를 하여 원통형으로 연결한다. 사슬코 수에 따라 나비넥타이의 높이가 달라진다. 여기 소개한 두 가지 넥타이는 사슬뜨기 45코로 시작한다. 붉은색 실크 실을 사용한 것은 높이가 5cm이다. 초록색 울 실로 뜬 것은 같은 콧수로 시작했지만 완성된 편물 높이는 7cm가 된다.

1단. 사슬뜨기 3코로 각 단의 첫 번째 기둥을 만든다. 각 사슬코마다 한길긴뜨기 1코씩을 뜬 다음, 시작점에서 세 번째 사슬코에 빼뜨기로 연결한다.

2단-마지막 단. 사슬뜨기 3코를 뜬 다음, 코마다 한길긴뜨기 1코를 뜬다. 시작점에서 세 번째 사슬코에 빼뜨기로 연결한다. 원하는 폭이 만들어질 때까지 계속해서 한길긴뜨기 단을 뜬다. 실크 나비넥타이의 폭은 11cm이고, 총 27단이 들어간다. 울 소재 나비넥타이는 폭

13cm, 총 20단으로 완성된다. 원통형 편물의 양 끝을 꿰매어 막아준다.

2 편물의 중심점을 찾은 다음, 반으로 접고 긴 바늘을 끼워 넣는다. 중간 부분이 맞물리도록 바늘로 몇 땀을 떠서 꿰맨다.

3 가죽 벨트 자투리의 양 끝에 구멍을 뚫는다.

4 낡은 나비넥타이에서 목 끈을 떼어내 매끈하게 다림질한다. 사진처럼 나비넥타이의 가운데에 오도록 가죽 벨트와 목 끈을 펼쳐 놓는다.

5 가죽 벨트 자투리의 양 끝을 모아서 구멍을 이용해 질긴 실로 꿰매어 고정한다. 이때 벨트를 목 끈에 꿰매지 않도록 주의한다. 가죽 고리는 끈을 따라 자유롭게 움직일 수 있어야 셔츠 깃에 맞추어 넥타이를 제자리에 맬 수 있다.

6 나비넥타이가 완성되었다.

TIP!
나비넥타이를 만드는 데는 실이 많이 필요하지 않다. 자투리 실을 활용해보는 건 어떨까? 사진의 초록색 나비넥타이는 가는 울 실을 이용해 만들었다.

어린 허스키 가족인 메이래와 아흐마가 집으로 들어와 난롯가에 자리를 잡았다. 허스키는 다정해서 좋은 친구가 되어주지만 활동적이고 돌아다니기를 좋아한다. 사진 촬영을 하는 동안 둘을 가만히 앉혀두는 것은 거의 불가능했다. 하나가 카메라를 보고 있으면, 다른 녀석의 나비넥타이가 홱 돌아가 있었다. 둘은 촬영이 끝나자마자 여름날 저녁의 맑은 공기 속으로 슬그머니 나가버렸다.

슬리퍼

사이즈	**실**	**코바늘**
뜨는 실에 따라 사이즈가 달라진다. 여기서는 남성용 275~280㎜ 사이즈로 만들었다.	풋키스 할로 얀 (혼합 초록색 약 300g) 대체실 : 딸리아	5㎜ (모사용 8호)

* 사이즈를 작게 하고 싶으면 실의 굵기를 가는 것으로 선택한다.
  ex) 클라우드 (코바늘 6호 사용)

기타
울 안창

실내에서 발을 따뜻하게 해주는 방법으로 울 안창을 깐 슬리퍼보다 더 좋은 것이 있을까? 가는 실로 뜬 슬리퍼는 세탁을 해도 형태에 변형이 없다. 세탁 전에 울 안창을 빼두는 것만 잊지 말자.
슬리퍼는 양말 대신 신을 수 있고, 가족들의 발에 맞추어 다양한 크기로 뜰 수 있다.

슬리퍼의 발가락 부분은 양쪽 가장자리에서 코를 늘려가며 원통형으로 짧은뜨기를 하여 만든다. 가운데 부분은 중간에서 코를 늘려가며 왕복뜨기로 만든다. 마지막으로 발꿈치 부분을 왕복뜨기로 완성한다.

발가락

1 **1단.** 바늘에 풀매듭을 만들고 사슬뜨기 2코를 뜬다. 첫 사슬코에 짧은뜨기 8코를 뜬다. 나선형으로 돌아가며 이음매 없이 두 번째 원통형뜨기 단으로 진행한다.
2단. 각 코마다 짧은뜨기 2코를 뜬다. 이번 단은 짧은뜨기 총 16코가 들어간다.
3단. 다음 코에 짧은뜨기 5코를 뜬다. 다음 일곱 코에 짧은뜨기 1코씩, 뒤이은 코에 짧은뜨기 5코를 뜬다. 다음 일곱 코에 짧은뜨기 1코씩을 뜬다. 이번 단은 짧은뜨기 총 24코가 된다. 발가락 부분의 양옆 쪽으로 코가 늘어나게 된다.

2 **4단.** 다음 두 코에 짧은뜨기 1코, 그 다음 코에 짧은뜨기 3코를 뜬다. 직전 단에서 뜬 짧은뜨기 5코의 가운데에 늘리는 코가 들어가게 된다. 다음 9코에 짧은뜨기 1코씩, 그 다음 코에 짧은뜨기 3코를 뜬다. 다음 11코에 짧은뜨기 1코씩을 뜬다. 이번 단은 짧은뜨기 총 28코가 된다.
5단. 4단과 같은 방법으로 뜬다. 단 이번에는 짧은뜨기 3코로 늘린 양쪽 부분의 가운데 코에서 각각 짧은뜨기 2코씩을 떠서 코를 늘린다. 나머지 코에는 짧은뜨기 1코씩을 뜬다. 이번 단은 짧은뜨기 총 30코가 된다.
6단. 코를 늘리지 않고 짧은뜨기 1코씩을 뜬다.

3 **7단.** 앞에서 코를 늘린 양쪽 부분의 가운데에서 각각 짧은뜨기 2코씩을 뜬다. 다른 코에는 짧은뜨기 1코씩을 뜬다.
8-10단. 코를 늘리지 않고 짧은뜨기 1코씩을 뜬다.
11단. 앞에서 코를 늘린 양쪽 부분의 가운데에서 각각 짧은뜨기 2코씩을 뜬다. 다른 코에는 짧은뜨기 1코씩을 뜬다.
12-14단. 코를 늘리지 않고 짧은뜨기 1코씩을 뜬다.
15단. 앞에서 코를 늘린 양쪽 부분의 가운데에서 각각 짧은뜨기 2코씩을 뜬다. 다른 코에는 짧은뜨기 1코씩을 뜬다. 이렇게 하면 짧은뜨기 총 36코가 된다.
16-17단. 코를 늘리지 않고 짧은뜨기 1코씩을 뜬다. 이제 슬리퍼 사이즈를 측정해 보고, 발에 맞추어 단을 더하거나 풀어낸다. 혹시 발가락 부분이 너무 헐렁하면 앞단에서 늘린 코들을 없애고 뜬다.

가운데 부분

4 **18단.** 원통형뜨기 단의 시작점에서 뜨기 시작한다. 짧은뜨기 22코를 뜬 다음, 사슬뜨기 1코를 뜨고 편물을 뒤집는다. 이번 단부터는 계속해서 왕복뜨기를 한다.

5 **19단.** 다음 21코에 짧은뜨기 1코씩을 뜬다. 시작하는 사슬코는 단의 첫 번째 코로 센다(총 22코). 원통형 뜨기 단의 남은 14코는 뜨지 않고 둔다.
20-35단. 코를 늘리지 않고 계속 왕복뜨기한다.
36단. 편물의 양쪽 가장자리에서 각각 여덟 코 들어간 곳에 짧은뜨기 2코를 뜬다. 나머지 코는 짧은뜨기 1코씩을 뜬다(총 24코).
37단. 코를 늘리지 않고 짧은뜨기 1코씩을 뜬다.
38단. 편물의 양쪽 가장자리에서 각각 아홉 코에 들어간 곳에 짧은뜨기 2코씩을 뜬다. 나머지 코는 짧은뜨기 1코씩을 뜬다(총 26코).
39-41단. 코를 늘리지 않고 짧은뜨기 1코씩을 뜬다.

발꿈치

6　**42단.** 계속해서 발꿈치가 될 부분을 왕복뜨기하면서 짧은뜨기 9코로 만든다. 사슬뜨기 1코를 뜬 다음, 편물을 뒤집어서 짧은뜨기 8코를 뜨면 된다. 시작하는 사슬코를 콧수로 센다.

7　**43-49단.** 짧은뜨기로 왕복뜨기한다. 바늘을 빼고, 실은 자르지 않는다. 슬리퍼의 안쪽이 보이도록 뒤집어 놓는다. 바늘을 발꿈치 부분 맞은편 편물 모서리에 넣은 다음, 마지막으로 떴던 코를 바늘에 건다.

8　발꿈치 부분을 편물 가장자리에 맞추어 한 코씩 빼뜨기로 잇는다.

9　실을 자르고 실 끝이 보이지 않게 정리한다. 발꿈치 솔기가 안으로 들어가도록 슬리퍼를 뒤집는다.

10　슬리퍼의 가장자리를 따라서 짧은뜨기를 1단 뜬다. 이때는 더 가는 코바늘을 이용해 더 촘촘하게 떠서 슬리퍼를 신었을 때 발에 딱 맞고, 걸을 때도 벗겨지지 않도록 한다. 가장자리를 빼뜨기로 마무리한 다음, 실을 잘라 끝이 보이지 않게 정리한다.

11　슬리퍼 한 짝이 완성되었다. 나머지 한 짝도 같은 방법으로 뜬다.

다섯 살배기 노아크가 슬리퍼에 레고를 끼우고 있다.
울 실 두 겹으로 뜬 슬리퍼는 조그만 발에 아직 크지만,
울 안창을 넣으면 발에 더 잘 맞는다. 레고 블록은
작은 구멍을 뚫어 슬리퍼에 꿰매어 주면 된다.
아무리 잠꾸러기 아이라도 이 레고 슬리퍼를 신으면
아침 식탁으로 향하는 발걸음이 즐거워질 것이다.

아동용 슬리퍼

사이즈
아동용 160㎜

실
캐스케이드 헤더스
(진청색 약 100g)
슬리퍼는 두 겹으로 뜬다.

대체실 : 딸리아

코바늘
4.5㎜ (모사용 7.5호)

기타
울 안창

어린이 슬리퍼는 103쪽 남성용 슬리퍼 뜨는 법을 따라서 원통형으로 4단까지 뜬다.

5단. 코를 늘리지 않고 짧은뜨기 1코씩 뜬다.
6단. 앞에서 코를 늘린 양쪽 부분의 가운데에서 각각 짧은뜨기 2코씩을 뜬다. 다른 코에는 짧은뜨기 1코씩을 뜬다.
7-9단. 짧은뜨기 1코씩 뜬다.
10단. 앞에서 코를 늘린 양쪽 부분의 가운데에서 각각 짧은뜨기 2코씩을 뜬다. 다른 코에는 짧은뜨기 1코씩을 뜬다.
11-13단. 짧은뜨기 1코씩 뜬다.
14단. 앞에서 코를 늘린 양쪽 부분의 가운데에서 각각 짧은뜨기 2코씩을 뜬다. 다른 코에는 짧은뜨기 1코씩을 뜬다.
15-17단. 짧은뜨기 1코씩 뜬다.
18단. 남성용 슬리퍼의 19단과 같은 방법으로 뜬다. 다만 여기서는 12코를 남겨두고 뜨지 않는다.
19-30단. 계속해서 왕복뜨기한다.
31단. 편물의 양쪽 가장자리에서 각각 여섯 코 들어간 곳에 짧은뜨기 2코씩을 뜬다. 나머지 코는 짧은뜨기 1코씩을 뜬다.
32단. 짧은뜨기 1코씩 뜬다.
33단. 31단과 같은 방법으로 뜬다.
34-35단. 짧은뜨기 1코씩 뜬다.

다음으로 104쪽의 설명을 따라서 발꿈치 부분을 뜬다. 여기서는 짧은뜨기 7코씩 8단을 뜬다. 빼뜨기로 발꿈치를 잇고, 실을 잘라 끝이 보이지 않게 정리한다. 슬리퍼 가장자리를 따라서 짧은뜨기 1단을 뜨고 빼뜨기 단으로 마무리한다. 같은 방법으로 한 짝을 더 뜬다.

슬리퍼 사이즈를 다르게 하려면 가운데 부분에 단을 더하거나 빼면 된다. 사용하는 실이나 뜨는 습관에 따라서 완성작의 크기가 달라질 수 있다.

여성용 슬리퍼

사이즈
여성용 250~255mm

실
풋키스 할로 얀
(산호색 약 80g, 흰색 약 180g)

대체실 : 파빠르 또는 같은 소재 2겹 사용

코바늘
6mm (모사용 10호)

* 사이즈는 실의 굵기에 따라서 조절 가능

여성용 슬리퍼는 산호색 실로 시작하여 103쪽 설명을 따라서 원통형으로 6단까지 뜬다.

7단. 코를 늘리지 않고 짧은뜨기 1코씩을 뜬다.
8단. 앞에서 코를 늘린 양쪽 부분의 가운데에서 각각 짧은뜨기 2코씩을 뜬다. 다른 코에는 짧은뜨기 1코씩을 뜬다.
9-11단. 짧은뜨기를 한다.
12단. 이번 단에서 색을 바꾼다. 단의 중간 지점까지 뜬 다음, 흰색 실로 바꾼다. 이렇게 하면 슬리퍼 바닥면에서 색이 바뀌게 된다. 계속해서 짧은뜨기를 한다.

13-15단. 짧은뜨기를 한다.
16단. 남성용 슬리퍼의 가운데 부분과 같은 방법으로 뜬다. 다만 여기서는 12코를 뜨지 않고 남겨둔다.
17-30단. 계속해서 왕복뜨기한다.
31단. 편물의 양쪽 가장자리에서 각각 일곱 코 들어간 곳에 짧은뜨기 2코씩을 뜬다. 나머지 코는 짧은뜨기 1코씩을 뜬다.
32단. 짧은뜨기 1코씩 뜬다.
33단. 31단과 같은 방법으로 뜬다.
34-36단. 짧은뜨기 1코씩 뜬다.

이제 남성용 슬리퍼와 같은 방법으로 발꿈치 부분을 뜬다. 여기서는 짧은뜨기 8코씩 8단을 뜬다. 빼뜨기로 발꿈치를 잇고, 실을 잘라 끝이 보이지 않게 정리한다. 슬리퍼 가장자리를 따라서 짧은뜨기 1단을 뜨고 빼뜨기 단으로 마무리한다. 같은 방법으로 한 짝을 더 뜬다.

슬리퍼 사이즈를 다르게 하려면 가운데 부분에 단을 더하거나 빼면 된다. 사용하는 실이나 뜨는 습관에 따라서 완성작의 크기가 달라질 수 있다.

중산모자

사이즈	실	코바늘
뜨는 실에 따라 사이즈가 달라진다. 여기서는 안지름이 약 20㎝이다.	아드리아필, 라피아 (25g×4) 대체실 : 알로하 2겹	6㎜ (모사용 10호)

찰리 채플린이 살았던 시대에 누군가 코바늘 뜨개로 중산모자를 만들 생각을 했더라면, 아마도 그가 여름에 즐겨 쓰는 모자가 되었을 것이다. 요즘은 사라져버렸을지도 모르지만, 나는 영국식 중산모자를 되살리고 싶다. 신축성이 좋은 이 모자는 헤어스타일을 망가뜨리지 않고도 머리에 잘 맞고, 누구에게나 잘 어울린다.

TIP!
굵은 실을 이용해 겨울용 중산모자를 만들 수도 있다.
다만 꼭 맞게 뜨려면 여름용보다는 몇 단을 적게 떠야 한다.

1 **1단.** 실 두 가닥을 겹쳐서 뜬다. 바늘에 시작코를 만들고, 사슬뜨기 2코를 뜬다.

2 바늘에서 두 번째 사슬코에 짧은뜨기 9코를 뜬다. 이제 이음매 없이 나선형으로 뜨면서 다음 단으로 옮겨간다.

3 **2단.** 코마다 짧은뜨기 2코를 뜬다. 짧은뜨기 총18코가 된다.

4 **3단.** 번갈아 나오는 코마다 짧은뜨기 2코를 뜬다. 그 사이에 오는 코에는 짧은뜨기 1코씩을 뜬다. 짧은뜨기 총 27코가 된다.
4단. 세 번째 코마다 짧은뜨기 2코를 뜬다. 그 사이에 오는 코에는 짧은뜨기 1코씩을 뜬다. 짧은뜨기 총 36코가 된다.
5단. 코를 늘리지 않고 짧은뜨기 1코씩을 뜬다.

5 **6단.** 네 번째 코마다 짧은뜨기 2코를 뜬다. 그 사이에 오는 코에는 짧은뜨기 1코씩을 뜬다. 짧은뜨기 총 45코가 된다.

7단. 다섯 번째 코마다 짧은뜨기 2코를 뜬다. 그 사이에 오는 코에는 짧은뜨기 1코씩을 뜬다. 짧은뜨기 총 54코가 된다.

8단. 여섯 번째 코마다 짧은뜨기 2코를 뜬다. 그 사이에 오는 코에는 짧은뜨기 1코씩을 뜬다. 짧은뜨기 총 63코가 된다.

9-21단. 짧은뜨기 1코씩을 뜬다.
22단. 이제 챙 부분이다. 번갈아 나오는 코마다 짧은뜨기 2코를 뜬다. 그 사이에 오는 코에는 짧은뜨기 1코씩을 뜬다.
23-35단. 짧은뜨기를 한다. 가장자리는 빼뜨기 단으로 마무리한다. 실을 잘라 끝이 보이지 않게 정리한다.

6 중산모자가 완성되었다. 모자를 여러 번 써보면서 떠나가도록 하자. 사용하는 실이나 뜨는 습관에 따라서 완성작의 사이즈가 달라질 수 있다. 모자가 너무 작다면 9단에 코를 더 넣어서 뜬다. 너무 클 경우에는 8단에서 코를 늘리지 않는다. 이 중산모자는 하룻저녁이면 뚝딱 뜰 수 있다.

5

6

도자기 공예가인 로라가 사진기자인 미카에게 굵은 모파리 얀으로 손뜨개하는 방법을 가르쳐주고 있다. 로라는 라피아 섬유로 뜬 중산모자를 쓰고 있다. 중산모자가 꼭 남성용 모자는 아니다. 로라의 손목에는 1.5㎜ 코바늘을 이용해 빨간색 페트라 얀으로 뜬 체인 팔찌를 착용했다. 체인 14개를 연결하여 만든 팔찌에는 랍스터 잠금장치를 달아주었다.

티셔츠 스카프

사이즈
높이. 50㎝
둘레. 80㎝

기타
낡은 티셔츠 2장

낡은 옷을 새로운 용도로 부활시키는 것은 창의적인 일이다.
온갖 종류의 옷들을 다시 활용할 수 있다.
데님은 집안에 필요한 튼튼한 소품을 만드는 데 제격이다.
낡아서 해어진 스웨터로는 모자 한두 개쯤은 거뜬히 만들 수 있다.
혹시 가장 아끼는 티셔츠에 구멍이 났다면 소매를 잘라내고
원통형 스카프로 만들 수 있다.
이번 작품은 즐겨 입던 티셔츠 두 장을 조합해서 만들어 보았다.
사진은 헬싱키에서 활동하는 밴드 〈뤼트미헤이리외〉의 보컬 운토가
자신의 밴드 이름이 들어 있는 스카프를 두른 모습이다.

낡은 티셔츠는 깨끗이 빨고 다림질해 준비한다. 티셔츠 한 장을 평평하게 펴놓고, 로고가 가운데 들어가는 위치에서 폭 45㎝가 되는 부분을 정한다. 티셔츠 앞판과 뒤판을 동시에 잘라, 옆구리와 소매 부분을 제거한다. 로고 전체가 들어가도록 길이를 맞추어 자른다. 두 번째 티셔츠도 같은 길이와 폭으로 자른다. 이번에도 로고가 가운데에 들어가도록 위치를 맞춘다.

1 첫 번째 티셔츠의 앞판과 뒤판의 겉면이 맞닿도록 겹쳐두고 옆선을 박음질해 잇는다. 두 번째 티셔츠도 같은 방법으로 박음질한다. 한 티셔츠 안에 다른 티셔츠를 끼워 넣는다. 이때 두 티셔츠의 겉면이 맞닿도록 하고, 옆선을 가지런히 맞추어 포개둔다.

2 시접 분량 1㎝를 두고, 위쪽 가장자리를 돌아가며 박음질해 티셔츠 2장을 연결한다.

3 티셔츠의 겉면이 나오도록 뒤집는다. 두 겹 모두 아래쪽 가장자리를 따라 단을 안으로 접어 넣고, 핀으로 고정한 다음, 가장자리에 가깝게 두 겹을 한꺼번에 박음질한다. 단을 접어 넣지 않고 아래쪽 가장자리를 박음질해도 괜찮다. 티셔츠를 조금 잡아당겨 늘려주면 원단 가장자리가 살짝 말리게 된다.

4 스카프 아래위 가장자리를 따라 다림질한다. 원통형 티셔츠 스카프가 완성되었다.

여행용품

3

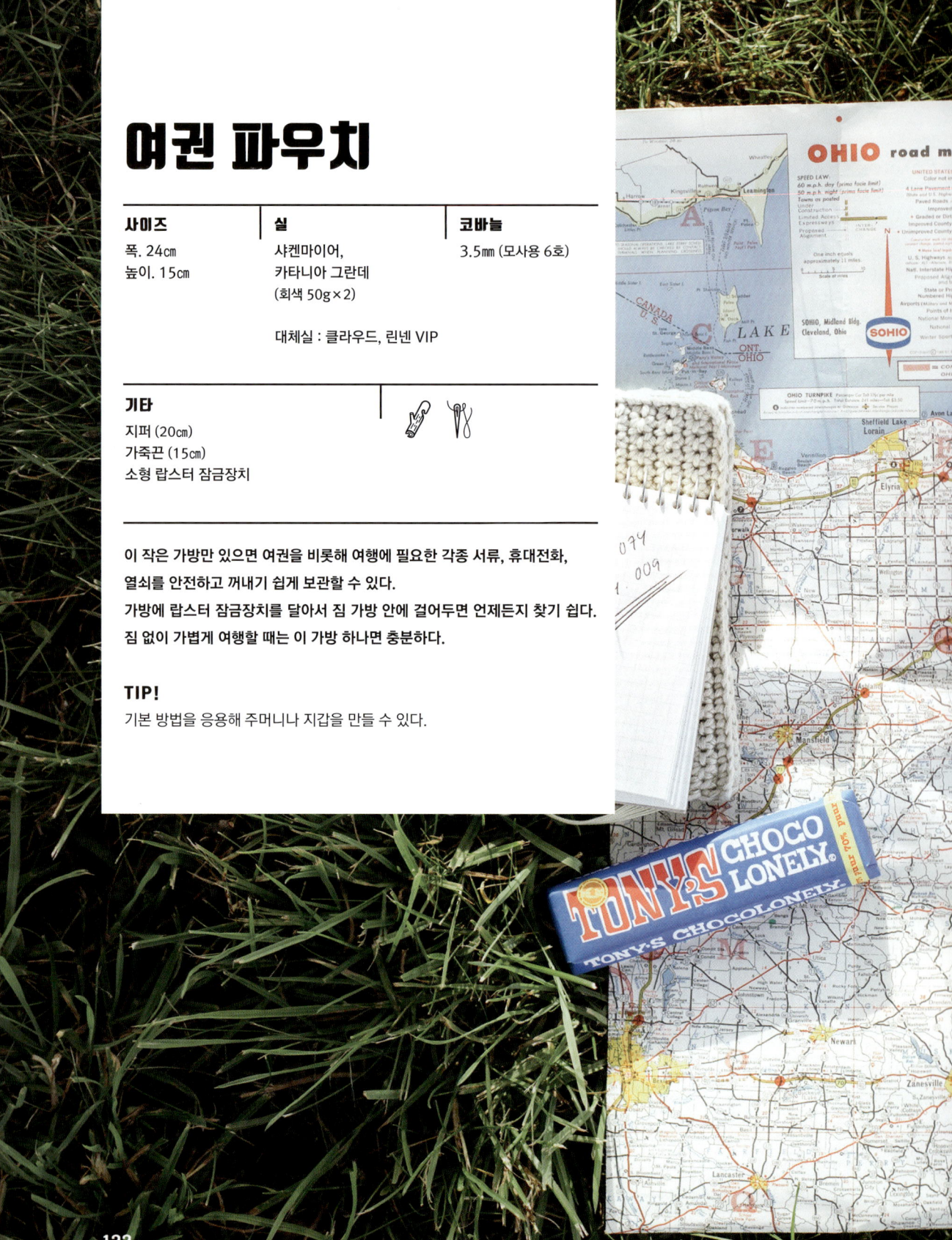

여권 파우치

사이즈	실	코바늘
폭. 24cm 높이. 15cm	샤켄마이어, 카타니아 그란데 (회색 50g×2) 대체실 : 클라우드, 린넨 VIP	3.5mm (모사용 6호)

기타
지퍼 (20cm)
가죽끈 (15cm)
소형 랍스터 잠금장치

이 작은 가방만 있으면 여권을 비롯해 여행에 필요한 각종 서류, 휴대전화, 열쇠를 안전하고 꺼내기 쉽게 보관할 수 있다.
가방에 랍스터 잠금장치를 달아서 짐 가방 안에 걸어두면 언제든지 찾기 쉽다.
짐 없이 가볍게 여행할 때는 이 가방 하나면 충분하다.

TIP!
기본 방법을 응용해 주머니나 지갑을 만들 수 있다.

1   여권 파우치는 왕복뜨기로 짧은뜨기를 떠서 만든다(단계별 설명은 234쪽 참조). 사슬뜨기 41코로 시작한다. 바늘에서 두 번째 사슬코에 바늘을 넣고 짧은뜨기 39코를 뜬 다음, 편물을 뒤집는다. 사슬뜨기 1코로 두 번째 단을 시작하고, 코마다 짧은뜨기 1코씩을 뜬다. 이때 바늘은 아랫단 코의 양쪽 고리 모두를 지나도록 넣는다. 뜨는 도중에 가장자리에서 코가 늘거나 줄지 않도록 주의한다. 가장자리의 사슬 1코는 첫 번째 짧은뜨기 코가 된다. 뜨면서 각 단이 짧은뜨기 40코가 맞는지 자주 확인해보자. 총 30단을 뜬 다음, 실을 잘라 끝이 보이지 않게 정리한다. 같은 방법으로 두 번째 편물을 뜬다.

2   지퍼의 한쪽 가장자리를 편물 1장의 위쪽 가장자리에서 한 단 내려온 곳에 맞추어 박음질한다.

3   지퍼의 다른 쪽 가장자리를 남은 편물에 박음질한다.

7

4 편물 2장을 겹쳐 놓고 겉면이나 뒷면에서 돗바늘로 꿰맨다. 사진에서는 편물 겉면에서 꿰매어, 연결한 솔기가 겉으로 드러나 보인다.

5 편물 모서리에 가죽끈을 달 위치를 정한다.

6 바느질을 할 수 있도록 가죽끈에 구멍을 뚫는다.

7 가죽끈에 랍스터 잠금장치를 끼운 다음, 편물에 끈을 달아준다. 여권 파우치가 완성되었다.

같은 방법을 이용해 다양한 지갑과 가방을 만들 수 있다. 작은 회색 지갑은 카타니아 그란데 실로 짧은뜨기 26코, 21단을 떠서 만들었다. 50g 실 한 뭉치만 있으면 충분히 뜰 수 있다. 줄무늬 지갑은 중간 굵기 카타니아 실로 뜬 것이다. 실은 색상별로 반 뭉치 정도면 넉넉하다. 2㎜ 코바늘로 사슬뜨기 35코, 106단을 뜨면 된다. 줄무늬는 두 단씩 뜬다. 편물을 반으로 접어 한쪽 포켓 입구에 지퍼까지 달아주면 완성!

바이크 백

사이즈
폭. 20cm
높이. 16cm

실
일로스, 라 에스피가
(회색 약 150g)

대체실 : 코튼 3

코바늘
2.5㎜ (모사용 4호)

기타
지퍼 (18cm)
가죽 벨트 (50cm, 2개)

조그맣고 멋진 바이크 백은 허리 벨트에 연결해 사용할 수도 있다. 멕시코산 나일론 실을 이용해 만들어서 형태가 망가지지 않고 비에 젖더라도 금방 마른다. 여기서는 가죽끈을 이용해 가방을 자전거 핸들에 걸었지만, 자전거의 가로대 아래쪽에 매달아도 편리하다.

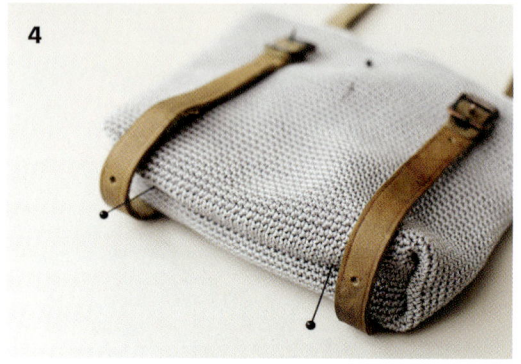

바이크 백은 원통형으로 짧은뜨기를 떠서 만든다(단계별 설명은 236쪽 참조). 사슬뜨기 115코로 시작한 다음, 빼뜨기를 하여 원통형으로 이어준다. 사슬뜨기 코마다 짧은뜨기 1코씩을 뜬다. 나선형으로 떠 나가면서 이음매 없이 다음 단으로 옮겨간다. 계속해서 코마다 짧은뜨기 1코를 뜬다. 이때 바늘은 아랫단 코의 양쪽 고리를 모두 지나도록 넣는다. 총 50단을 뜬 다음, 위쪽 가장자리는 빼뜨기 단으로 마무리한다.

1 위쪽 가장자리에서 한 단 내려온 자리에 지퍼를 핀으로 고정한 다음, 박음질한다. 완전히 열려서 둘로 분리되는 지퍼를 사용하면 작업이 더 수월하다.

2 아래쪽 가장자리를 한 번에 1코씩 꿰매면서 막아준다.

3 가방 바닥 모양을 평평하게 만든다. 가방 안쪽에서, 아래쪽 솔기의 양 끝을 각각 수직으로 지나며 꿰맨다(142쪽 4-5번 참조). 이렇게 해서 양쪽 모서리에 생긴 삼각형 귀는 편물 뒷면에 몇 땀을 꿰매서 튼튼하게 고정해준다.

4 가죽끈을 달 위치를 정한다. 여기서는 약 8㎝ 간격으로 끈 두 개를 배치했다. 자전거에 가방을 달려면 끈과 가방 위쪽 사이 공간이 약 10㎝ 정도는 되어야 한다.

5 바느질을 할 수 있도록 가죽끈에 구멍을 뚫는다. 이때 앞면 위쪽, 바닥면, 뒷면 위쪽 구멍의 위치가 모두 가지런히 이어지도록 주의한다. 질긴 실을 이용해 가죽끈을 가방에 달아준다.

세면 파우치

사이즈
폭. 32㎝
높이. 32㎝
바닥 지름. 12㎝

실
리나 피시 넷 트와인 12겹
(흰색 약 120g, 검은색 약 80g)

대체실 :
피마룩스 35수, 까사리아

코바늘
1.75㎜ (레이스 0호)

기타
방수 안감 원단 (40×35㎝, 2장)
지퍼 (30㎝)
가죽 벨트 (75㎝)

세면 파우치는 작지만 여행에서 빼놓을 수 없는 필수품이다.
목적지에 도착했을 때 양말이 샴푸로 뒤범벅되거나 가방 안쪽에
커다란 얼룩이 생기는 일을 당하지 않으려면 꼭 필요하다.
하지만 출발이 닥쳐서 짐을 꾸리기 전까지는 항상 잊고 있기 마련이다.
벌써 2년째 쇼핑 목록에 세면 파우치가 있었다는 사실을 말이다.
세면 파우치를 직접 만들어 목록에서 지워보자.

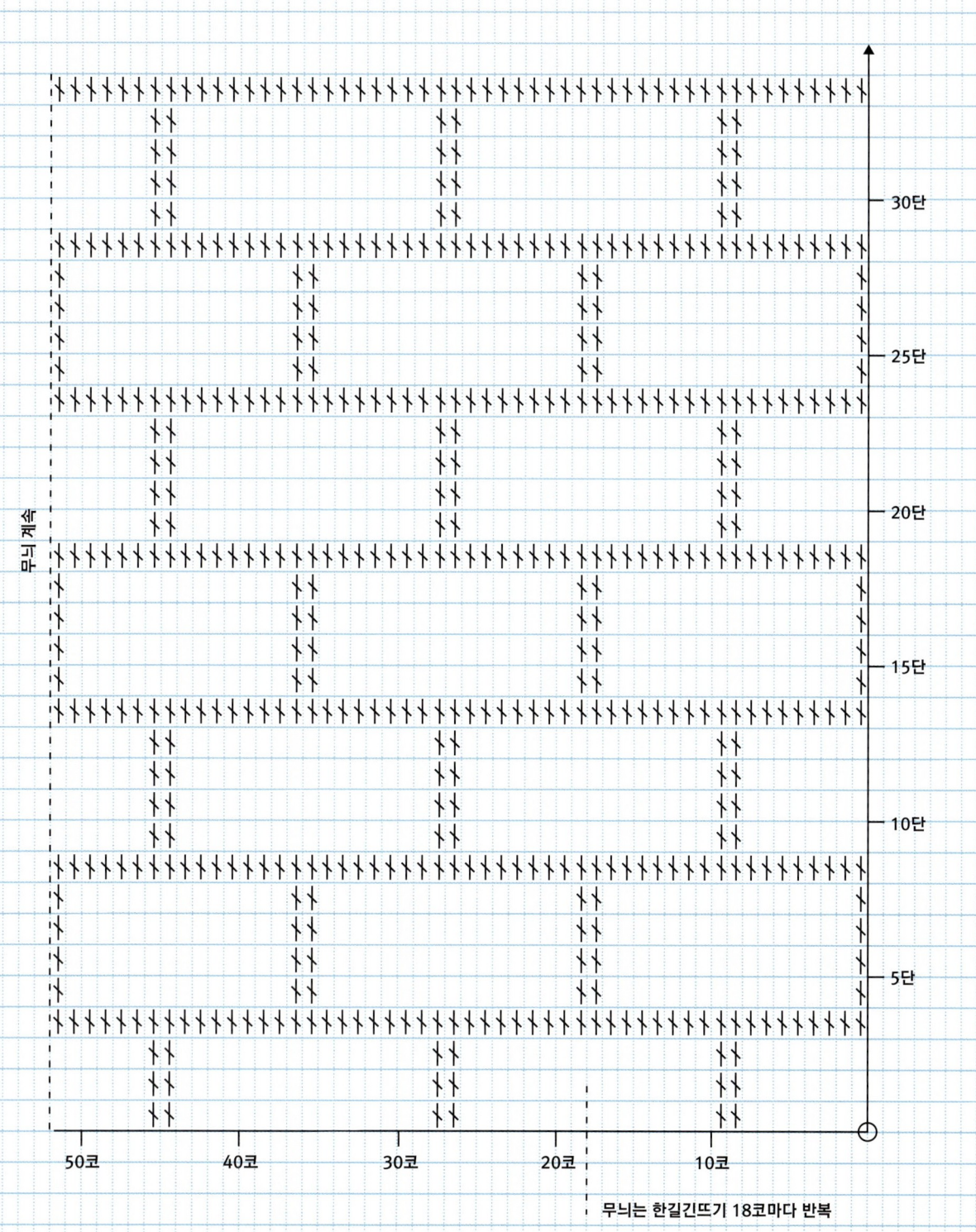

세면 파우치는 두 가지 색 실을 이용해 원통형으로 한길긴뜨기를 하면서 만든다(단계별 설명은 246쪽 참조). 쉬는 실은 함께 걸치면서 코에 넣어 뜬다.

1단. 흰색 실로 사슬뜨기 180코를 떠서 시작한다. 이때 사슬코는 느슨하게 떠서 완성작이 너무 촘촘하게 당겨지지 않도록 한다. 꼬인 곳이 없는지 확인한 다음, 처음 시작 사슬코에 바늘을 넣어서 빼뜨기로 원통형을 만든다(237쪽 참고). 흰색 실로 사슬뜨기 3코를 떠서 첫 번째 기둥을 만든다. 검은색 실을 같이 걸쳐 뜨면서, 흰색 실로 한길긴뜨기 6코를 뜬다. 다음 한길긴뜨기 코에서 마지막으로 바늘에 거는 실을 검은색으로 바꾼다. 검은색 실로 한길긴뜨기 1코를 뜬 다음, 다음 한길긴뜨기 코의 마지막에서 다시 흰색 실을 바늘에 건다. 흰색 한길긴뜨기 16코와 검은색 한길긴뜨기 2코로 이루어진 무늬가 반복된다. 시작점에서 세 번째 사슬코에 빼뜨기를 하여 원통형으로 연결한다.

2-3단. 1단과 같은 방법으로 뜬다. 3단의 마지막에서, 빼뜨기를 할 때 검은색 실을 감아서 4단을 검은색 실로 시작할 수 있게 한다.

4단. 검은색 실로만 한길긴뜨기를 한다. 흰색 실을 함께 걸치면서 코 안에 넣어 뜬다. 빼뜨기로 단을 연결한다.

5단. 검은색 실로 사슬뜨기 3코를 뜬 다음, 흰색 실로 바꾼다. 흰색 실로 한길긴뜨기 15코를 뜨고, 다음 한길긴뜨기 코의 마지막에서 검은색 실로 바꾼다. 검은색 실로 한길긴뜨기 1코를 뜨고, 다음 한길긴뜨기 코의 마지막에서 흰색 실로 바꾼다. 흰색 한길긴뜨기 16코와 검은색 한길긴뜨기 2코로 이루어진 무늬가 반복된다.

계속해서 도안을 따라 뜬다. 총 54단을 뜨고, 마지막 단은 검은색 실로만 뜬다. 쉬는 실은 편물의 끝까지 함께 걸쳐 뜬다. 위쪽 가장자리는 빼뜨기 단으로 마무리한다. 실을 잘라 끝이 보이지 않게 정리한다.

한길긴뜨기, 검은색 실

한길긴뜨기, 흰색 실

1. 편물 가방의 치수를 잰 다음, 높이와 길이에 시접 분량 2㎝를 더한 크기에 맞추어 안감 원단을 2장 자른다. 안감 위쪽 가장자리에 지퍼를 박음질한다. 이때 지퍼의 겉면과 시접이 안감의 같은 면에 오도록 주의한다.

2. 남은 세 가장자리를 박음질한다.

3. 편물 가방의 아래쪽 가장자리를 1코씩 손으로 꿰맨다.

4. 안감 가방의 아래쪽 솔기 양쪽 끝에서 박음질선과 수직으로 만나는 선 12㎝를 재고 튼튼하게 박음질한다.

5. 4번과 같은 방법으로 편물 가방의 바닥 모양도 만든다.

6. 가방의 가운데를 지나도록 가죽 벨트를 감는다. 이때 버클은 가방 바닥 솔기에서 20㎝ 올라온 지점에 맞춘다.

7. 벨트의 세 군데에 구멍을 뚫는다. 앞면 버클 아래에 1개, 가방 바닥 솔기와 만나는 곳에 1개, 뒷면에 2개를 뚫으면 된다. 구멍을 이용해 질긴 실로 벨트를 가방에 달아준다.

8. 안감 가방을 편물 가방 안에 넣는다. 이때 편물 가방과 안감 가방의 안쪽이 맞닿고, 위쪽 가장자리가 가지런히 맞도록 겹쳐준다. 지퍼 가장자리를 따라서 안감을 편물 가방에 손바느질로 촘촘하게 꿰맨다.

9. 세면 파우치가 완성되었다.

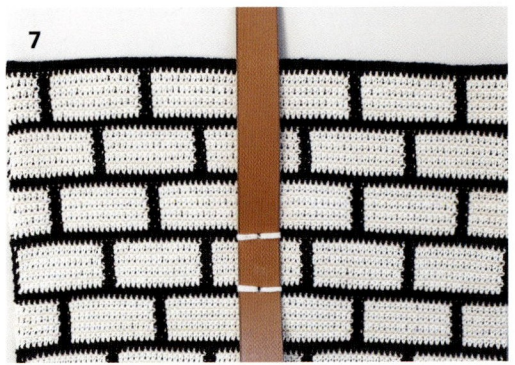

닻 무늬
가방

사이즈	**실**	**코바늘**
폭. 40㎝	라마나, 이카	3.5㎜ (모사용 6호)
높이. 47㎝	(빨간색 50g × 2)	
	대체실 : 린넨 VIP, 클라우드	

기타

회색 면 원단 (50×45㎝, 2장)
안감용 면 원단 (50×45㎝, 2장)
섬유용 접착제
가방끈용 면 소재 띠 (2×75㎝)

거친 풍랑이 이는 바다는 인생의 굴곡을 나타내는 상징이다.
튼튼한 가방에 장식된 닻 무늬 역시 힘과 결단력, 풍랑을 헤쳐 나갈 능력을
의미한다. 어깨끈도 쉽게 망가지지 않도록 견고한 끈으로 달아주었다.
게다가 닻 장식은 보통 카펫 가장자리를 마감할 때 쓰는 실로 떴다.
결국 이 모든 것을 아우르는 것은 강한 내구력이다.

닿은 짧은 수평선, 세로 기둥, 아래쪽 곡선, 원, 이렇게 네 개의 편물로 뜬다. 편물들은 긴뜨기로 뜨고 코를 늘려가며 만든다. 긴뜨기는 한길긴뜨기의 시작과 같은 방법으로 뜬다. 먼저 바늘에 실을 감고, 바늘을 다음 코에 넣는다. 다시 바늘에 실을 감고, 편물 겉면 쪽으로 빼낸다. 이제 바늘에는 고리가 세 개 걸려 있다. 다시 바늘에 실을 감고 바늘에 걸린 모든 코를 통해서 실을 빼내면 된다. 긴뜨기는 한길긴뜨기와 짧은뜨기의 중간 형태다.

1. 수평선

1단. 사슬뜨기 19코로 시작한다. 바늘에서 세 번째 코에 긴뜨기를 한다. 시작하는 사슬뜨기 코들은 첫 번째 긴뜨기 코로 센다. 코마다 긴뜨기를 하면서 단을 뜬다.
2단. 사슬뜨기 2코를 뜬 다음, 직전 단의 긴뜨기 코마다 긴뜨기를 한다. 이때 바늘은 코를 이루는 양쪽 고리 모두를 지나도록 넣는다.
3단. 2단과 같은 방법으로 뜬다.
4단. 가장자리를 따라 돌아가며 짧은뜨기를 한다. 각 긴뜨기 코마다 짧은뜨기를 1코씩 뜨고, 짧은 가장자리에서는 짧은뜨기 6코를 뜬다. 즉 각 단의 시작코마다 짧은뜨기 2코를 뜨는 것이다. 실을 자르고 끝이 보이지 않게 짜 넣는다.

2. 기둥

수평선과 같은 방법으로 뜬다. 다만 여기서는 사슬뜨기 36코로 시작한다.

3. 곡선

1단. 사슬뜨기 51코로 시작한다. 시작점에서 세 번째 사슬코에 긴뜨기를 한다. 시작하는 사슬뜨기 코들은 첫 번째 긴뜨기 코로 센다. 다섯 번째 코마다 긴뜨기 2코씩, 그 사이에 오는 코는 긴뜨기 1코씩을 뜨면서 떠 나간다. 단을 마치면 긴뜨기 총 60코가 되고, 편물은 바깥쪽으로 약간 구부러지는 모양이 된다.
2단. 사슬뜨기 2코를 뜬 다음, 직전 단의 긴뜨기 코마다 긴뜨기 1코씩을 뜬다.
3단. 2단과 같은 방법으로 뜬다.
4단. 수평선을 뜰 때와 마찬가지로 편물 가장자리를 따라 돌아가며 짧은뜨기를 한다. 실을 자르고 끝이 보이지 않게 짜 넣는다.

4. 원

1단. 실 가닥을 100㎝ 길이로 남겨두고, 사슬뜨기 28코로 시작한다. 코가 꼬이지 않았는지 확인한 뒤에 빼뜨기로 원형을 만든다. 사슬뜨기 2코로 첫 긴뜨기 코를 만든다. 번갈아 나오는 사슬뜨기 코마다 긴뜨기 2코씩, 그 사이에 오는 코에는 긴뜨기 1코씩을 뜨면서 떠 나간다. 시작점에서 세 번째 사슬코에 빼뜨기를 하여 단을 이어준다. 이번 단은 긴뜨기 총 42코가 된다.
2단. 사슬뜨기 2코를 뜬 다음, 직전 단의 긴뜨기 코마다 긴뜨기 1코씩을 뜬다. 빼뜨기로 단을 이어준다.
3단. 사슬뜨기 1코를 뜬 다음, 각 긴뜨기 코마다 짧은뜨기 1코를 뜬다. 빼뜨기로 단을 이어준다. 처음에 남겨둔 실을 이용해 원 안쪽 가장자리를 따라 돌아가며 코마다 짧은뜨기 1코씩을 뜬다. 실을 자르고 끝이 보이지 않게 짜 넣는다.

1

2

1   회색 면 원단의 앞판에 중심점을 표시해두고, 닻 편물들의 자리를 정해 올려놓는다. 이때 닻은 가방 아래쪽 가장자리가 될 부분에서 약 10㎝ 위로 올라온 위치에 맞추어 놓는다. 섬유용 접착제를 이용해 먼저 기둥을 중심점에 맞추어 붙인다. 편물은 다시 박음질로 고정하게 되니, 접착제는 조금만 사용한다. 다음으로 원과 곡선을 붙인다. 그리고 수평선의 자리를 정해 붙인다.

2   접착제가 마를 때까지 기다렸다가, 닻 전체 형태의 가장자리를 따라가며 박음질한다.

3   회색 면 원단 2장을 겉면끼리 맞닿도록 겹쳐놓고, 세 군데 가장자리를 따라 박음질하여 가방을 만든다. 안감 원단도 같은 방법으로 만든다.

4   가방과 안감의 아래쪽 솔기 양 끝을 각각 지나는 수직선 10㎝를 박음질한다.

5   양쪽 모서리에 남은 원단을 잘라낸다. 가방과 안감의 위쪽 가장자리에서 좁은 단을 접어 박는다. 가방에 안감을 넣는다. 안감의 안쪽과 가방의 안쪽이 맞닿게 겹쳐 넣고, 가장자리 솔기들이 가지런히 포개지도록 한 다음, 위쪽 가장자리를 돌아가며 박음질한다.

6   이제 어깨끈을 달 차례다.

7   가방 위쪽 가장자리에서 3㎝ 단을 접어 넣은 다음, 다림질한다. 가방 양옆 가장자리에서 각각 약 10㎝ 정도 안으로 들어간 위치에서, 어깨끈 끝을 단 아래로 겹쳐 넣는다.

8   단을 따라 박음질하면서 어깨끈을 넣은 자리도 지나간다.

9   어깨끈이 고정되었다.

10 어깨끈을 맬 수 있도록 위쪽으로 가지런히 놓고, 가방 겉면에서 어깨끈이 들어간 부분을 한 줄로 박음질한다. 닻무늬 가방이 완성되었다.

음료수 캐리어

사이즈	실	코바늘
330㎖ 용량의 음료수 캔을 담을 수 있는 크기	라마나, 이카 (50g × 4) 대체실 ; 린넨 VIP	3.5㎜ (모사용 6호)

기타	
가죽 벨트 (12㎝ 1개, 40㎝ 1개)	

소풍이나 파티에 갈 때나 급하게 가게에 달려갈 때도 이 음료수 캐리어는 비닐봉지보다 훨씬 더 근사하다.
음료수 캐리어를 들고 있으면 누구보다 눈에 띌 것이다.
모두가 당신의 솜씨를 알아볼 것이고, 곧 새로 사귄 사람들과 전화번호를 주고받거나 수공예에 관한 이야기를 나누게 될지도 모른다.

1 **1단.** 손가락에 실을 두 번 감아 고리를 만든 다음, 고리에 짧은뜨기 20코를 뜬다. 실 끝도 함께 넣어 몇 코를 뜨고, 단을 다 뜬 후에 기초 사슬코가 너무 느슨하면 실끝을 잡아당겨 조인다.

2 **2단.** 나선형으로 돌아가며 이음매 없이 다음 단으로 옮겨간다. 바늘은 아랫단 코를 이루는 양쪽 고리를 모두 지나도록 넣고, 코마다 짧은뜨기 1코씩을 뜬다. 이번 단에는 짧은뜨기 총 20코가 들어간다.

3단. 두 번째 코마다 짧은뜨기 2코씩, 그 사이에 오는 코에는 짧은뜨기 1코씩을 뜬다. 이번 단에는 짧은뜨기 총 30코가 들어간다.

4단. 코를 늘리지 않고 짧은뜨기한다.

5단. 세 번째 코마다 짧은뜨기 2코씩, 그 사이에 오는 코에는 짧은뜨기 1코씩을 뜬다. 이번 단에는 짧은뜨기 총 40코가 들어간다.

7

3   **6–22단.** 짧은뜨기를 한다. 편물이 캔에 너무 꼭 맞거나 너무 헐렁하면, 5단까지 실을 풀어 코를 더 늘리거나, 4단까지 실을 푼다. 사용하는 실이나 뜨는 습관에 따라 완성작의 크기가 달라진다.

4   **23단.** 이번 단에서 벨트를 넣을 구멍을 만든다. 사슬뜨기 3코를 뜨고, 3코를 거른 뒤에 사슬뜨기 코를 네 번째 코에 짧은뜨기로 연결한다. 계속해서 코마다 짧은뜨기 1코를 뜬다.

5   **24단.** 코마다 짧은뜨기 1코씩 뜬다. 벨트 구멍에서는 직전 단에서 사슬뜨기한 부분에 짧은뜨기 3코를 뜬다.
    25단. 짧은뜨기를 한다.

6   위쪽 가장자리를 돌아가며 빼뜨기 단으로 마무리한다. 실을 잘라 끝이 보이지 않게 정리한다.

7   같은 방법으로 똑같은 캐리어 3개를 더 만든다. 벨트 구멍에 들어갈 정도로 폭이 좁은 벨트를 준비한다. 하나는 12㎝, 다른 하나는 40㎝ 길이로 잘라둔다.

8 짧은 벨트의 버클에서 8㎝ 떨어진 곳에 구멍을 하나 뚫는다. 벨트를 편물 2개의 구멍에 넣어 뺀다.

9 두 번째 벨트는 남은 편물 2개의 구멍에 넣어 뺀다.

10 짧은 벨트를 긴 벨트 위로 겹치게 하면서, 편물 4개를 한꺼번에 모은다.

11 음료수 캐리어가 완성되었다. 캐리어를 이용해서 음료수 캔을 들거나, 자전거 손잡이에 걸 수 있다.

헬싱키의 전설적인 카페 '카필란 키스카'를 운영하는 야코가 특별한 분위기를 자아내며 라떼를 만들고 있다. 이곳은 전 세계를 여행하는 커플이 모두가 환영받는 오픈 커뮤니티와 생생한 예술을 언제든지 접할 수 있는 공간을 만들고 싶다는 생각에서 연 카페다. 여름이면 카페 정원에는 벼룩시장이 열리고, 음악이 연주된다. 그리고 손으로 쓴 안내판이 최고의 유기농 아이스크림을 판매하는 곳으로 여러분을 이끈다.

북유럽풍 가방

사이즈	실	코바늘
폭. 48㎝ 높이. 55㎝ 편물 높이. 47㎝	리나 피시 넷 트와인 18겹 (흰색 약 400g, 검은색 약 200g) 대체실 : 코튼2, 코튼3	2.25㎜ (모사용 3호)

기타

안주머니용 면 원단
면 소재 가방끈 (2×85㎝)
가방끈에 넣을 굵은 면 줄
가방 바닥용 가죽

투마스는 전통적인 핀란드의 풍경을 모티프로 담은 큰 가방을 메고 있다.
곰이나 소, 엘크 등을 형상화한 무늬에는 알파카 역시 포함되어 있다.
핀란드에는 이 순하고 조용한 남아메리카의 동물을 접해볼 수 있는
알파카 농장이 몇 군데 있다.
알파카 울은 겨울옷을 뜰 때 훌륭한 소재가 된다.

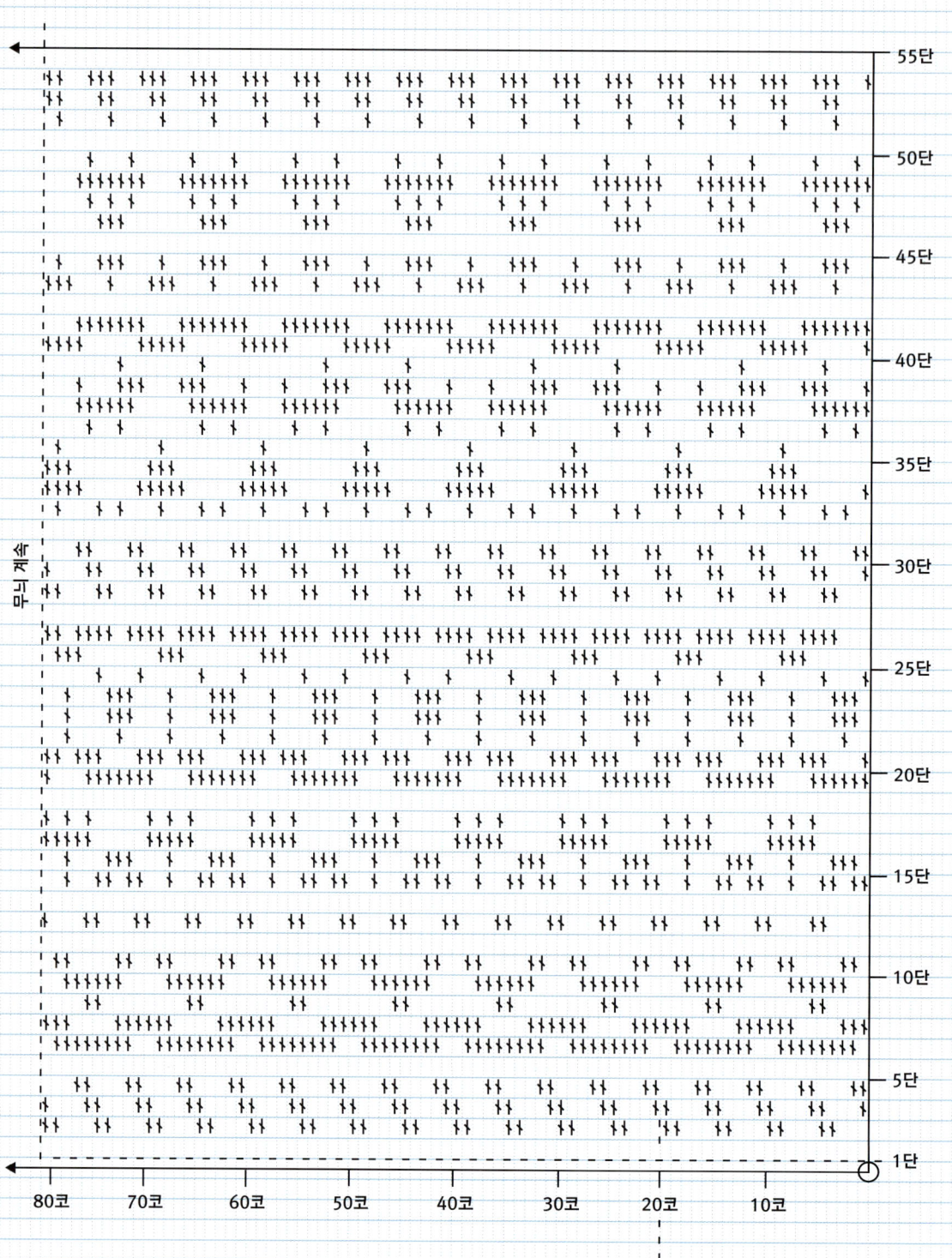

북유럽풍 가방은 두 가지 색 실을 이용해 원통형으로 한길긴뜨기를 하면서 만든다(단계별 설명은 246쪽 참조). 쉬는 실은 함께 걸치면서 코에 넣어 뜬다.

1단. 흰색 실로 사슬뜨기 220코를 떠서 시작한다. 이때 사슬코는 느슨하게 떠서 완성작이 너무 팽팽하게 당겨지지 않도록 한다. 꼬인 곳이 없는지 확인한 다음, 처음 시작 사슬코에 바늘을 넣어서 빼뜨기로 원통형을 만든다(237쪽 참고). 흰색 실로 사슬코마다 짧은뜨기를 한다. 검은색 실은 같이 걸쳐서 뜬다. 짧은뜨기 단은 가방 바닥의 시접 분량이 된다. 첫 번째 사슬코에 빼뜨기로 연결해준다.

2단. 흰색 실로 사슬뜨기 3코를 떠서 첫 번째 한길긴뜨기 코를 만든다. 검은색 실을 함께 걸쳐 뜬다. 흰색 실로 코마다 한길긴뜨기를 한다. 시작점에서 세 번째 사슬코에 빼뜨기로 연결한다.

3단. 흰색 실로 사슬뜨기 3코를 떠서 시작한다. 검은색 실을 걸쳐 뜨면서, 흰색 실로 한길긴뜨기 1코를 뜬 다음, 다음 한길긴뜨기 코의 마지막에서 검은색 실을 바늘에 건다. 검은색 실로 한길긴뜨기 1코를 뜬 다음, 다음 한길긴뜨기 코의 마지막에서 다시 흰색 실로 바꾼다. 흰색 한길긴뜨기 3코와 검은색 한길긴뜨기 2코로 이루어진 무늬가 반복된다. 빼뜨기로 단을 연결하고, 바늘에는 검은색 실을 건다.

4단. 검은색 실로 사슬뜨기 3코를 뜬 다음, 흰색 실로 바꾼다. 한길긴뜨기 2코를 뜬 다음, 세 번째 한길긴뜨기 코의 마지막에서 바늘에 검은색 실을 건다. 계속해서 도안을 따라 떠 나가다가, 빼뜨기로 단을 연결한다.

도안을 따라서 계속 떠 나간다. 편물은 총 55단이며, 마지막 단은 흰색 실로만 뜬다. 검은색 실은 편물의 끝까지 함께 걸쳐 뜬다. 흰색 실로 짧은뜨기 1단을 더 떠서 위쪽 가장자리를 튼튼하게 해주고, 빼뜨기 단으로 마무리한다. 실을 잘라서 끝이 보이지 않게 정리한다.

| 한길긴뜨기, 검은색 실
| 한길긴뜨기, 흰색 실

주머니를 만들려면, 20×30㎝ 크기 면 원단을 2장 준비한다. 1장의 위쪽 가장자리에는 2㎝ 폭으로 단을 접어 박고, 한 번 더 접어박기한다. 이 원단을 나머지 원단 위에 서로 겉면이 맞닿도록 포개놓는다. 세 가장자리를 돌아가며 박음질하고, 겉면이 보이도록 뒤집는다. 솔기 부분을 다림질하고, 양옆 긴 가장자리에서 1㎝ 폭으로 단을 주머니 겉면 쪽에 두 번 접어박기한다. 주머니 위쪽 가장자리를 2㎝ 폭으로 뒤로 넘겨 접어 단을 접는다. 가방의 위쪽 가장자리 중심에 맞추어 주머니 위치를 정한다. 어깨끈의 끝을 5㎝ 접어 올린다.

1   가방 위쪽 가장자리에 맞추어 주머니를 박음질한다.

2   가방 겉면의 위쪽 가장자리에서 몇 단 내려간 곳에 끈의 접힌 끝부분을 놓는다. 가방 양옆에서는 각각 10㎝ 안으로 들어간 곳에 맞추어 놓고, 끈을 핀으로 고정한다. 접어둔 부분을 펴고 접힌 자국을 따라서 튼튼하게 박음질해준다. 그런 다음 다시 끈을 위로 접어 올리고 겉면에서도 다시 박음질해준다.

3   끈을 길게 반으로 접어서 가장자리를 함께 박음질한다. 이때 끈 양 끝으로 3㎝씩은 박음질하지 않고 남겨둔다.

4   끈의 양끝 구멍으로 면 소재 줄을 끼워 넣은 다음, 보이지 않게 끝을 잘라 정리한다. 이렇게 하면 어깨끈이 더욱 견고해진다.

5   어깨끈이 완성되었다.

6 가죽 원단을 24㎝×(가방 폭+시접 분량 2㎝) 크기로 자른다. 아래쪽 솔기는 없다.

7 가죽 원단을 길게 반으로 접은 다음, 1㎝ 시접을 남기고 양쪽 짧은 가장자리를 꿰맨다. 가죽용 바늘과 질긴 실을 이용하여 손바느질을 한다.

8 반으로 접은 원단을 다시 펴면서 양쪽 가장자리가 삼각형이 되도록 접는다. 박음질 선을 지나는 수직선이 5㎝가 되는 곳을 찾아 표시한다. 수직선을 따라서 튼튼하게 바느질한다. (142쪽 4번 참고)

9 가죽 원단과 편물 가방을 겉면끼리 겹쳐놓고, 가죽을 편물 가방 아래쪽 짧은뜨기 단에 손바느질로 꿰맨다. 가죽 바느질용 송곳을 사용해도 좋다(12쪽 참조). 송곳을 사용할 때는 가장 견고한 실을 사용하는 것이 좋다.

10 북유럽풍 가방이 완성되었다.

10

바둑판무늬
백팩

사이즈
폭. 42㎝
높이. 60㎝
편물 높이. 34㎝
바닥 지름. 12㎝

실
샤켄마이어, 카타니아 그란데
(빨간색 50g×5, 검은색 50g×5)

대체실 : 클라우드, 린넨 VIP

코바늘
3.5㎜ (모사용 6호)

기타
가방 위와 아래, 안감용 질긴 면 원단 (90㎝×150㎝)
충전재
가죽끈 (2×75㎝)
끈 고정용 나사형 리벳 (4개)
금속 고리 (지름 2.5㎝ 2개, 지름 5㎝ 1개)
가죽 줄 (길이 120㎝)

잘 디자인된 배낭은 자세에 도움을 주고 묵직한 짐도 가볍게 느껴지게 해준다.
바둑판무늬 배낭은 울퉁불퉁한 산길에서는 물론이고 도시에서도 잘 어울린다.
사진에서는 미카엘이 배낭을 메고 하가의 로도덴드론 공원을 지나고 있다.
여기서처럼 유행을 타지 않는 빨강과 검정 바둑판무늬로 떠도 되지만,
더 밝은 색상을 선택해 여름에 어울리게 만들어도 좋다.

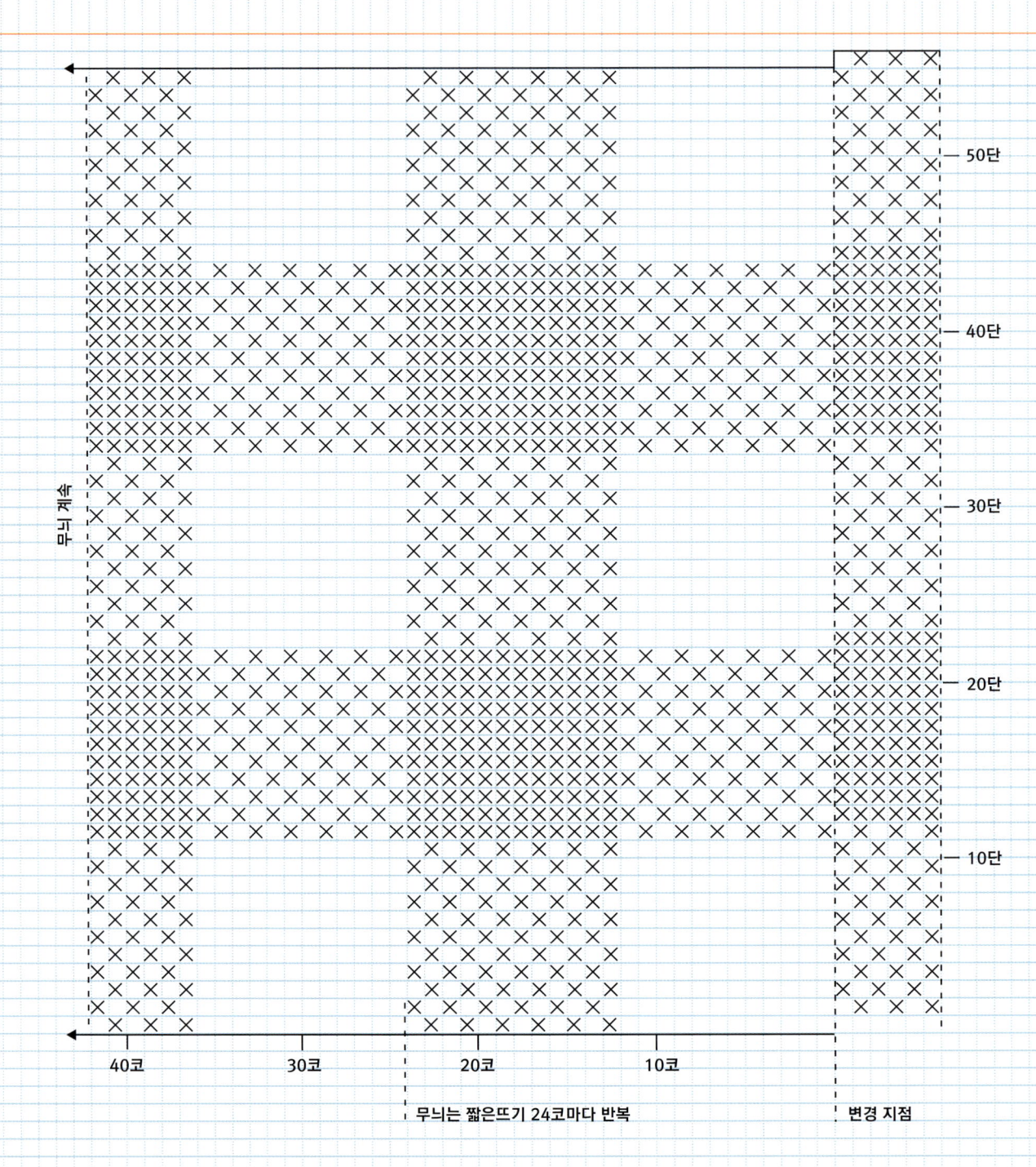

바둑판무늬 백팩은 원통형으로 짧은뜨기를 하면서 3D 착시 효과를 내는 기법으로 만든다. 이 기법은 기본적으로는 짧은뜨기와 같지만(단계별 설명은 236쪽 참조), 두 번째 단부터 바늘을 아랫단 코의 앞쪽 반 코에만 넣는 것이 다르다(앞이랑 짧은뜨기). 이렇게 하면 세로선이 만들어지기 때문에, 원통형으로 세로줄 무늬를 넣어 뜰 수 있다. 쉬는 실은 코를 따라 계속 함께 걸쳐 옮긴다.

1단. 빨간색 실로 사슬뜨기 168코를 만들어 시작한다. 꼬인 곳이 없는지 확인하고 빼뜨기를 하여 원통형으로 연결한다. 검은색 실은 함께 걸쳐서 짧은뜨기 코에 넣어 뜬다. 빨간색 실로 짧은뜨기 10코를 뜬 다음, 다음 코 마지막에서 검은색 실을 바늘에 건다. 다음 12코에서 빨간색과 검은색 실을 코마다 번갈아가며 짧은뜨기한다. 색을 바꿀 때는 항상 마지막에 바늘에 거는 실을 앞으로 뜰 색 실로 바꾸어 건다. 색을 바꾸는 방법에 대한 설명은 242쪽을 참고하자. 다음으로 빨간색 실로 짧은뜨기 12코를 뜨고, 검은색과 빨간색을 번갈아가며 짧은뜨기 12코를 뜬다. 단이 끝날 때까지 이 방법으로 반복해 뜬다. 마지막 코는 빨간색 실로 뜨게 된다. 나선형으로 돌아가며 다음 단으로 이음매 없이 옮겨간다.

2단. 이번 단부터는 3D 착시 효과를 내는 기법으로 뜬다. 이어지는 단에서는 바늘을 아랫단 코머리의 앞쪽 고리에만 넣도록 한다. 쉬는 실은 계속해서 함께 코에 넣어 걸쳐 뜬다. 빨간색 실로 짧은뜨기 12코를 떠서 시작하고, 다음 12코는 빨간색과 검은색을 코마다 번갈아가며 짧은뜨기한다. 이번 단에서는 빨간색 실 짧은뜨기 1코를 직전 단의 검은색 실 짧은뜨기 코에 뜨고, 또 반대로 검은색은 빨간색에 뜨게 된다. 도안을 따라서 코 색을 확인하고 단의 끝까지 뜬다.

3-11단. 도안을 따라서 쉬는 실을 함께 걸치며 뜬다.

12단. 이번 단에서는 검은색 실과 빨간색 사각형을 직전 단의 빨간색과 검은색 사각형에 뜬다.

계속해서 도안을 따라 떠 나간다. 바늘을 코머리의 앞쪽 반 코에만 넣는 것과 쉬는 실을 코 안에 넣어 함께 뜨면서 옮겨가는 것을 잊지 말자. 변경 지점에서는 무늬가 조금 바뀌게 되니 그림 도안을 참고하자.

바둑판무늬 백팩은 총 55단으로 뜨며, 여기에는 정사각형 모양 5개가 들어간다. 실을 잘라 끝이 보이지 않게 정리한다.

☐ 짧은뜨기, 빨간색 실

☒ 짧은뜨기, 검은색 실

1. 먼저 면 원단을 재단한다. 가방 하단 원단은 88×20㎝, 상단은 88×12㎝ 크기로 자른다. 충전재도 가방 하단과 같은 크기로 자른다. 다음으로 편물의 크기를 잰 다음, 안감용 원단 2장을 잘라 겹쳐놓고 가장자리(좌, 우, 아래)를 박음질한다(이때 한쪽 옆에 창구멍을 남겨 두어야만 나중에 창구멍을 통해 뒤집을 수 있다). 금속 고리를 연결할 면 원단을 12×50㎝ 크기로 자른다. 길게 반으로 접은 뒤, 폭이 3㎝가 되도록 양쪽 가장자리를 접어 넣고 다림질해둔다(3번 사진 참조).

2. 가방 상단 원단을 편물과 같은 크기의 원통형으로 만든다. 원단의 겉면이 맞닿도록 반으로 접어 원단의 짧은 쪽 가장자리를 박음질한다. 하단 원단도 같은 방법으로 박음질한다. 이때 하단 원단에는 충전재를 가지런히 겹쳐서 박음질한다. 하단 원단과 편물을 박음질하여 연결한다(원단은 1.5㎝, 편물은 짧은뜨기 한 단을 시접 분량으로 잡는다).

3. 접어두었던 금속 고리를 연결할 원단을 가장자리에 가깝게 박음질한다.

4

4 가방 하단에 고리 2개를 달 위치를 정해 표시한다. 양쪽 가장자리에서 7㎝ 들어간 곳이 적당하다. 금속 고리에 끈을 끼우고, 끈의 양 끝을 사진처럼 겹치지 않게 나란히 놓고 재봉틀로 박음질한다(두꺼운 부분에서 바늘이 부러지는 일이 없도록 조심한다). 이번에는 편물 위쪽에 큰 금속 고리를 끼운 끈을 사진처럼 핀으로 고정한다.

5 하단 원단에 끈을 박음질하여 부착한다. 끈의 위와 아래 두 곳을 박음질하는데, 위쪽은 편물과 원단의 연결 부분에서 8㎝ 내려온 곳에 맞추어 박음질하면 된다.

6 끈을 각각 부착한 후, 가방을 뒤집어서 원단의 밑을 박음질하여 바닥을 막는다.

7 아래쪽 양 끝 모서리가 각각 삼각형이 되도록 펼쳐 접는다. 솔기와 수직으로 만나는 선이 12㎝가 되는 곳을 찾아서 표시한 뒤 수직선을 따라 여러 번 튼튼하게 박음질한다.

8 상단 원단도 하단 원단과 같은 방식으로 편물과 맞추어 박음질한다. 이때 편물과 원단 사이에 끈이 들어가게 하여 함께 박음질한다.

9 안감의 양쪽 아래 모서리를 박음질한다.

10 뒤집어진 상태의 편물 가방에 안감 가방을 넣는다. 서로 겉면이 맞닿도록 넣으면 된다. 가방의 위쪽 가장자리를 따라 박음질한다. 이때 가죽 줄을 넣을 수 있도록 가방 앞면에 5㎝ 구멍을 남겨둔다.

11 가방의 겉면이 보이게 안감의 창구멍으로 뒤집은 후, 창구멍을 막는다. 안감을 가방 안으로 넣어 잘 정리하고, 입구 가장자리에서 3㎝ 내려간 곳에 박음질을 하여 줄이 지나가는 통로를 만들어준다. 10번에서 남겨 놓은 5㎝ 구멍으로 가죽 줄을 넣는다.

12 가죽끈에 나사형 리벳을 달거나 꿰맬 자리를 정하고, 구멍을 뚫는다. 가죽끈의 길이는 필요에 맞게 정한다. 여기서는 75㎝ 길이로 맞췄다.

13 가죽끈을 금속 고리 세 곳에 단단히 달아준다. 나사형 리벳을 사용할 때는 리벳을 끝까지 돌려서 꽉 조인다. 리벳 대신 바느질로 고정할 때는 질긴 실을 사용한다.

줄을 가방 가운데에 고정하면 튼튼하고 몸에도 잘 맞아서, 한쪽 어깨로 흘러내리지 않는다. 가죽끈 대신 면 소재 끈을 사용하면 세탁하기 쉽다. 만일 나사형 리벳으로 끈을 고정했다면, 세탁하기 전에 풀어서 뺄 수 있다. 세탁을 하면 편물이 조금 줄어들 수도 있으니 세탁 시 물 온도를 잘 확인해야 한다. 이 백팩은 호수처럼 차가운 물에 빠지는 것이 가장 좋다.

체인 열쇠고리

사이즈	**실**	**코바늘**
다양한 크기	샤켄마이어, 카타니아 파인 (회색 약 50g)	1.5㎜ (레이스 2호)
	대체실 : 피마룩스 35수, 까사리아	

기타
열쇠고리용 O링

이번에는 체인을 원하는 수만큼 뜨고 연결하여 열쇠고리를 만들어보자.
가볍지만 부피가 있어서 쉽게 잃어버리지 않는 열쇠고리다.
그리고 체인은 쓸모가 많아서 일단 체인 만들기에 빠지게 되면
반드시 다양한 활용법을 떠올리게 된다.

9

1 사슬뜨기 55코로 시작한다.

2 코가 꼬이지 않았는지 확인한 다음, 짧은뜨기로 연결하여 원통을 만든다. 계속해서 코마다 짧은뜨기 1코를 뜬다.

3 단이 시작되는 곳에서, 다음 단으로 이음매 없이 나선형으로 옮겨간다. 원통형으로 짧은뜨기를 하는 방법은 236쪽의 단계별 설명을 참조하자.

4 총 5단을 떠서 체인 1개를 만든다.

5 바느질할 실을 30㎝ 길이로 남겨두고 실을 자른다. 편물의 겉면이 밖으로 나오도록 길게 반으로 접은 다음, 위아래 가장자리를 한 번에 1코씩 함께 꿰맨다.

6 실을 자르고 끝이 보이지 않게 정리해 넣는다. 꿰맨 솔기가 보이지 않게 편물을 돌려 안쪽으로 들어가게 한다. 이런 방법으로 원하는 수만큼 체인을 만든다. 사진의 열쇠고리는 체인 13개로 만들었다.

7 열쇠고리용 O링 안으로 첫 번째 체인을 통과시켜 반으로 접는다.

8 첫 번째 체인에 두 번째 체인을 끼워 반으로 접는다.

9 같은 방법으로 계속 체인을 연결한다. 원하는 길이가 되었으면, 마지막 체인의 끝을 O링에 걸어 고정한다.

다용도 로프

사이즈
길이. 180㎝

실
등산용 로프
(굵기 3㎜, 길이 약 30m)

코바늘
6㎜ (모사용 10호)

기타
가죽 조각 (2×9㎝)
섬유용 접착제

이번에 만드는 것은 다용도 로프로, 끈이나 손잡이 등 다양하게 활용할 수 있다.
손쉽게 원하는 길이의 로프를 떠서 사용해보자.
스케이트보드를 들고 갈 때도 쓸 수 있다. 무심한 듯 묶어만 줘도 멋스럽다.

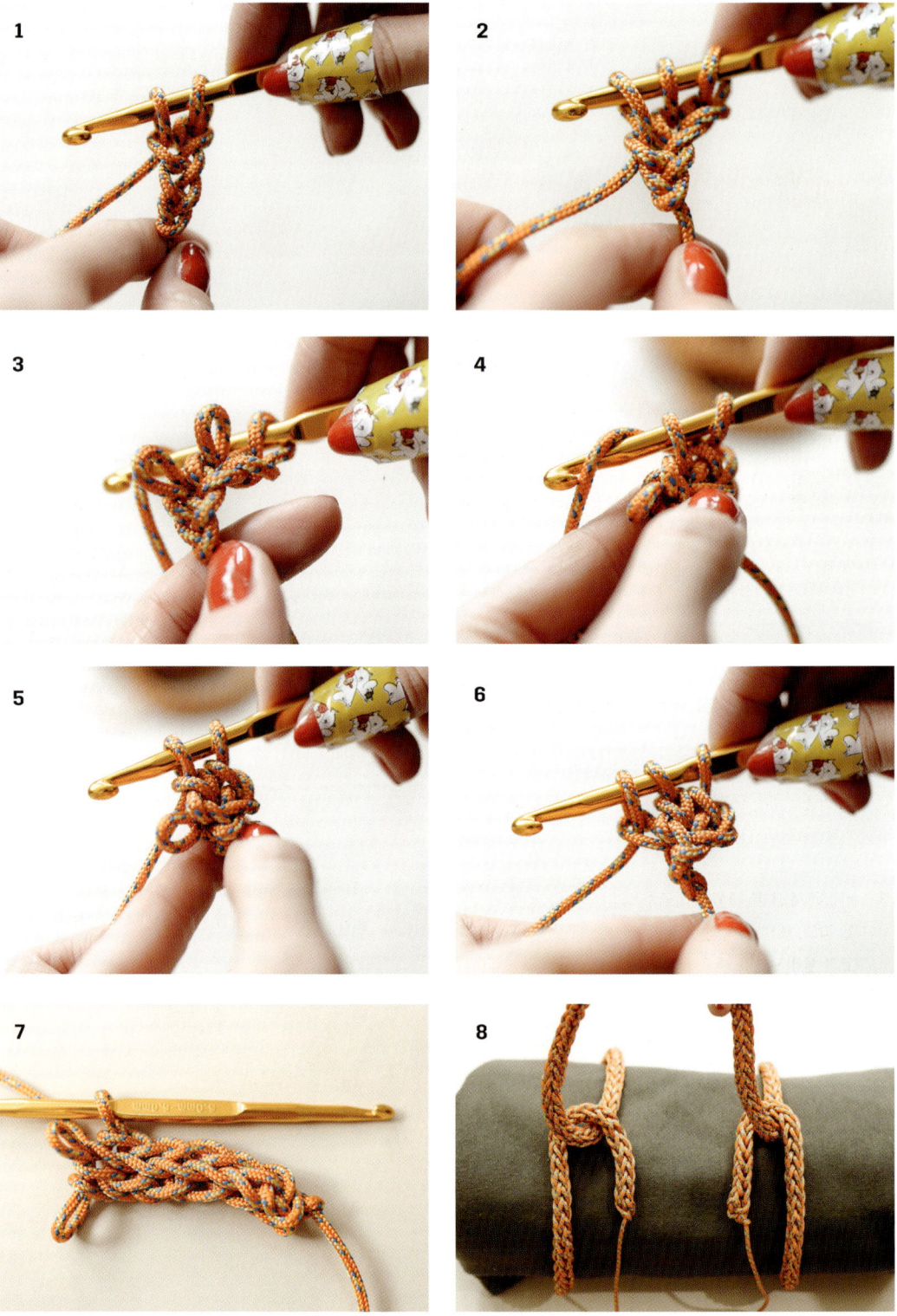

1 바늘에 첫 코를 만들고, 사슬뜨기 3코를 뜬다.

2 바늘에서 두 번째 코에 바늘을 넣고, 실을 바늘에 건 다음 편물의 겉면으로 빼낸다. 이제 바늘에는 세 코가 걸리게 된다.

3 바늘에서 코 두 개를 빼내고 한 개만 남긴다. 바늘에 실을 감고, 바늘 왼쪽의 코에 사슬뜨기 1코를 뜬다. 빼낸 코가 풀리지 않도록 편물을 단단히 쥐고 있어야 한다.

4 바늘에 걸린 코를 통해 실을 빼낸다. 첫 번째 빼낸 코를 줍고, 실을 바늘에 건다.

5 바늘에 걸린 코를 통해 실을 빼낸다. 이제 바늘에는 두 코가 걸려 있다.

6 두 번째 빼낸 코를 줍는다. 바늘에 실을 걸고 바늘에 걸린 코를 통해 빼낸다. 바늘에는 세 코가 걸려 있다.

7 다시 한 번, 바늘에서 코 두 개를 빼낸다. 코가 풀리지 않도록 편물을 꼭 붙잡고 있는 것을 잊지 말자. 바늘에 한 코를 걸고 짧은뜨기 1코를 뜬다. 이제 바늘에는 두 코가 걸려 있다. 두 번째 코를 바늘에 걸고 짧은뜨기 1코를 뜬다. 바늘에는 세 코가 걸려 있다. 같은 방법으로 원하는 길이만큼 떠 나간다.

8 편물의 양 끝을 사진처럼 고리 형태로 구부리고, 편물이 그 사이를 지나도록 한다.

9 사진처럼 편물 양 끝을 접착제로 붙여 고정한다. 질긴 실을 이용해 접착 부분을 더욱 견고하게 꿰매어 준다.

10 작은 가죽 조각에 구멍을 뚫는다. 가죽으로 접착 부분을 감싼 다음, 질긴 실로 꿰맨다.

11 다용도 로프가 완성되었다.

풋볼 백

사이즈
폭. 60㎝
길이. 120㎝

실
리나 피시 넷 트와인 18겹
(회색 약 300g)

대체실 : 코튼3, 동방18합

코바늘
2.5㎜ (모사용 4호)

기타
어깨끈으로 쓸 줄 (2×120㎝)
조이는 끈 (130㎝)
끈 조절 스토퍼

피시 넷 트와인을 이용해 뜨는 가방은 튼튼하고 신축성이 좋아 축구공 다섯 개까지 담을 수 있다. 축구뿐만 아니라 다른 운동을 할 때에도 다양하게 이용할 수 있다. 가방에 스케이트보드를 넣고 자전거에 오르면 신나는 여름이 시작된다.

아래 설명은 실제 풋볼 백 사이즈를 만드는 방법이지만, 사진은 더 작은 사이즈의 편물을 이용해 촬영한 것이다. 가방은 모눈뜨기 폭 40칸, 높이 80칸으로 바늘에 실을 두 번 감아 빼는 두길긴뜨기로 뜬다.

1 사슬뜨기 168코로 시작한다.

2 두길긴뜨기를 할 차례다. 먼저 바늘에 실을 두 번 감아 바늘에서 열두 번째 코에 넣는다.

3 바늘에 실을 감고 코에서 빼낸다. 이렇게 하면 바늘에는 고리 4개가 걸려 있다.

4 바늘에 실을 감고 바늘에 걸린 고리 2개를 통해 빼낸다. 바늘에 다시 실을 감고 바늘에 걸린 다음 고리 2개를 통해 빼낸다.

5 한 번 더 바늘에 실을 감고, 바늘에 걸린 마지막 고리 2개를 통해 빼낸다. 이제 두길긴뜨기가 완성되었고, 편물에서는 첫 번째 사각형 칸이 만들어졌다. 66쪽의 밴드 포스터와 같은 방법으로 계속 떠 나간다. 다만 이번에는 사각형 칸이 더 크다.

6 사슬뜨기 3코를 뜬다. 이번 편물에서는 각 사각형 칸 사이에 항상 사슬뜨기 3코가 들어간다.

7 3코를 거르고 네 번째 코에 두길긴뜨기 1코를 뜬다. 이제 편물에 두 번째 사각형 칸이 만들어졌다. 사슬뜨기 3코를 뜨고, 다시 3코를 거른 다음, 두길긴뜨기 1코를 뜬다. 이런 방법으로 계속해서 사각형 40칸이 만들어질 때까지 뜬다. 코가 남을 때는 시작코를 풀어 불필요한 코를 풀어내면 된다. 이렇게 해도 사슬뜨기 코가 편물을 고정해주기 때문에 나머지 편물은 풀리지 않는다. 마무리를 위해 한 코는 남겨둔다. 혹시 코가 부족할 때는 실 끝을 이용해서 필요한 코를 더 뜨도록 한다.

8 다음 단은 사슬뜨기 7코로 시작한다. 직전 단의 코에 두길긴뜨기 1코를 뜬다. 사슬뜨기 3코를 뜨고 직전 단의 기둥에 다시 두길긴뜨기 1코를 뜬다.

9 이렇게 사슬뜨기 7코로 단을 시작하고, 직전 단의 기둥에 두길긴뜨기, 사각형 칸 사이에는 사슬뜨기 3코를 뜨면서 계속 떠 나간다. 총 80단을 뜬다.

10 양쪽 짧은 가장자리는 짧은뜨기 단으로 마무리한다. 가장자리를 따라가며 사각형마다 짧은뜨기 3코를 뜨고, 기둥이나 긴 가장자리에는 뜨지 않는다. 실을 잘라 보이지 않게 정리한다.

풋볼 백을 반으로 접은 다음, 어깨끈 줄을 가장자리에 끼워 넣는다. 여기서는 6㎜ 굵기의 견고한 등산용 로프를 사용했다. 편물의 양쪽 가장자리에 있는 모든 사각형을 지나며 줄을 끼운 다음, 사용하는 사람에게 길이를 맞추어 줄을 잘라내고 풀리지 않게 매듭을 짓는다. 편물 위쪽 가장자리를 따라 조이는 끈을 끼워 넣고 당겨서 가방을 오므린 다음, 끈 조절 스토퍼를 이용해 고정한다. 가방이 완성되었다.

스케이트보더이자 드러머인 니코는 수비라흐띠의 스케이트 경사로를 질주하는 동안 소지품들을 풋볼 백에 안전하게 넣어둔다. 벌써 십 년 넘게 스케이드보드를 타온 그는 밴드와 함께 많은 사람들 앞에서 스케이트보드를 타기도 한다. 스케이팅은 코바늘 손뜨개만큼이나 마음을 사로잡는 매력이 있는 취미다. 일단 시작하고 나면 생활하는 방식이 거기에 맞춰진다. 하지만 손뜨개를 할 때는 멍이 드는 일은 훨씬 적다.

가렌더 장식

사이즈	실	코바늘
지름. 25㎝ 높이. 30㎝	리나 피시 넷 트와인 18겹 (흰색 약 80g) 대체실 : 피마룩스 35수, 까사리아	1.75㎜ (레이스 0호)

얀 바밍*은 도시 장식의 한 형태로 빠르게 퍼져나가고 있다.
개방적인 수공예가들은 도시 여기저기, 새롭고 놀라운 장소에서
자신들의 창작품을 선보이고 있다.
코바늘 손뜨개 그라피티는 실의 종류에 관계없이 할 수 있다.
자신만의 가렌더 장식을 만들어 공간에 다양한 색감과 재미를 불어넣어 보자.

* 얀 바밍(Yarn Bombing) :
　털실 폭탄. 나무, 동상, 기둥 등 공공 시설물에 손뜨개 작품을 씌우거나 전시하는 거리 예술.

가렌더 장식은 왕복뜨기하면서 한길긴뜨기로 만든다(단계별 설명은 238쪽 참조).

1단. 사슬뜨기 60코로 시작한다. 바늘에서 네 번째 코에 바늘을 넣고, 한길긴뜨기를 한다. 계속해서 코마다 한길긴뜨기 1코를 뜬다. 한길긴뜨기 총 58코를 뜨면 된다.

2-24단. 한길긴뜨기를 한다. 단을 시작할 때마다 사슬뜨기 3코로 첫 번째 한길긴뜨기 코를 만든다. 계속해서 코를 이루는 두 고리를 모두 지나도록 바늘을 넣으면서, 아랫단의 각 코에 한길긴뜨기 1코를 뜬다.

25-마지막 단. 코를 줄이는 단이다. 단을 시작할 때마다 사슬뜨기 2코를 뜨고, 단의 마지막에는 한길긴뜨기 3코를 모아 뜬다. 이렇게 하려면 실을 바늘에 감고, 바늘을 아랫단의 첫 번째 한길긴뜨기 코의 두 고리에 모두 넣은 다음, 실을 바늘에 감고 편물의 겉면으로 빼낸다. 다음 두 코에서도 반복한다. 이제 바늘에는 고리 4개가 걸려 있다. 실을 바늘에 감고 바늘에 있는 모든 고리를 통해서 한꺼번에 빼낸다. 코 줄임이 완성되었다. 계속해서 코를 줄여가며 뜨다가, 마지막 코를 함께 모아 뜬 다음에는 실을 잘라 끝이 보이지 않게 정리한다. 같은 방법으로 가렌더를 더 만든다.

편물에 섬유용 스프레이로 색을 칠하거나, 섬유용 마커를 이용해 그림을 그린다. 마스킹 테이프나 판지로 편물 일부를 가린 다음 스프레이를 뿌리면 스텐실 효과를 낼 수 있다.

가렌더를 달 때는 위쪽 가장자리를 따라서 줄을 꿰매거나 코 사이로 끼우면 된다.

여행용 거울

사이즈	**실**	**코바늘**
지름. 13㎝	서다, 코튼 DK (주황색 약 50g)	1.75㎜ (레이스 0호)
	대체실 : 피마룩스 35수, 까사리아	

기타

거울 (지름 12㎝)
거울 뒤판으로 쓸 두꺼운 판지
테이프
가죽끈
랍스터 잠금장치

낚시를 가든 캠핑을 떠나든, 이 작은 거울은 여행자에게 유용한 물건이다.
수염을 다듬을 때도, 가까운 섬에 빛으로 신호를 보낼 때도 쓸 수 있다.
손뜨개로 만든 거울 커버 뒷면에는 빗을 꽂을 수 있는 고리도 있다.
게다가 끈도 달려 있어서 가방에 매달거나, 못이나 나뭇가지에 걸 수도 있다.

1. 앞판

사슬뜨기 80코로 시작한다. 코가 꼬인 곳이 없는지 확인한 다음, 빼뜨기를 하여 원형으로 연결한다. 실 끝은 100cm 길이로 남겨두어, 안쪽 가장자리를 빼뜨기할 때 쓴다.

1단. 사슬뜨기 3코를 뜬 다음, 시작 고리에 한길긴뜨기 1코를 뜬다. 다음 네 코에 한길긴뜨기 1코, 다음 코에 한길긴뜨기 2코를 뜬다. 이번 단은 다섯 번째 코마다 한길긴뜨기 2코, 그 사이에 오는 코에는 한길긴뜨기 1코를 반복하면서 떠 나간다. 시작점에서 세 번째 사슬코에 빼뜨기로 연결하여 단을 마친다. 한길긴뜨기 총 96코가 들어간다.

2단. 코를 늘리지 않고 한길긴뜨기 1코씩을 뜬다. 실은 자르지 않고 두어, 앞판과 뒤판을 이을 때 쓴다. 실 끝을 편물 시작 위치에 남겨두고, 안쪽 가장자리를 따라서 빼뜨기를 한다. 실을 자른다.

2. 뒤판

1단. 손가락 하나에 실을 두 번 감아 만든 고리를 엄지손가락과 집게손가락 사이에 쥔다. 바늘을 고리에 넣고 실을 감아 빼낸다. 이제 편물에는 사슬이 하나 있다. 사슬뜨기 2코를 더해 첫 번째 한길긴뜨기 코를 만든다. 고리에 한길긴뜨기 15코를 더 뜬다. 시작점에서 세 번째 사슬코에 빼뜨기를 해서 원형으로 연결한다.

2단. 매 단마다 사슬뜨기 3코로 시작해 첫 번째 한길긴뜨기를 만든다. 시작 고리에 한길긴뜨기 1코를 뜬다. 바늘을 아랫단 코의 두 고리를 모두 지나도록 넣으면서, 코마다 한길긴뜨기 2코를 뜬다. 시작점에서 세 번째 사슬코에 빼뜨기를 하여 원형으로 연결한다. 이번 단에는 한길긴뜨기 총 32코가 들어간다.

3단. 사슬뜨기 3코를 뜨고, 시작 고리에 한길긴뜨기 1코를 뜬다. 이번 단에서는 코마다 번갈아가며 한길긴뜨기 2코, 그 사이에 오는 코에는 모두 한길긴뜨기 1코를 뜬다. 한길긴뜨기 총 48코가 들어간다.

4단. 사슬뜨기 3코를 뜨고, 시작 고리에 한길긴뜨기 1코를 뜬다. 이번 단에서는 세 번째 코마다 한길긴뜨기 2코, 그 사이에 오는 코에는 모두 한길긴뜨기 1코를 뜬다. 한길긴뜨기 총 64코가 들어간다.

5단. 이번 단에서는 코를 늘리지 않고 코마다 한길긴뜨기 1코를 뜬다.

6단. 사슬뜨기 3코를 뜨고, 시작 고리에 한길긴뜨기 1코를 뜬다. 네 번째 코마다 한길긴뜨기 2코, 그 사이에 오는 코에는 한길긴뜨기 1코를 뜬다. 한길긴뜨기 총 80코가 들어간다.

7단. 사슬뜨기 3코를 뜨고, 시작 고리에 한길긴뜨기 1코를 뜬다. 다섯 번째 코마다 한길긴뜨기 2코, 그 사이에 오는 코에는 한길긴뜨기 1코를 뜬다. 한길긴뜨기 총 96코가 들어간다.

8단. 코마다 짧은뜨기 1코씩을 뜬다. 실을 자른다.

1 거울에 맞추어 판지를 자른 다음, 거울 뒤에 판지를 대고, 가장자리를 돌아가며 테이프로 붙인다.

2 짧은 가죽끈 2개를 뒤판 편물의 겉면에 나란히 꿰매어 달아준다.

3 뒤판과 앞판을 뒷면끼리 맞닿도록 겹쳐둔다. 빼뜨기로 한 번에 1코씩 떠서 절반을 이어준다.

4 뒤판과 앞판 사이에 거울을 끼워 넣는다. 혹시 거울이 맞지 않으면, 편물을 몇 단 더 뜬다. 편물이 거울보다 더 크면 몇 단을 줄인다.

5 빼뜨기를 계속하여 가장자리를 마무리한다. 실을 자르고 끝이 보이지 않게 정리한다.

6 가죽끈의 양 끝을 랍스터 잠금장치에 연결해 묶은 다음, 잠금장치를 짧은뜨기 단의 코에 건다.

요가 매트 백

사이즈	실	코바늘
길이. 60㎝ 지름. 14㎝	리나 피시 넷 트와인 12겹 (검은색 150g, 흰색 150g) 대체실 : 피마룩스 35수, 까사리아	1.75㎜ (레이스 0호)

기타
면 원단 (20×150㎝)
면 소재 어깨끈 (길이 180㎝)
가죽끈 (길이 30㎝)

요가는 코바늘 뜨개 다음으로 내가 좋아하는 취미다.
규칙적으로 요가를 하다 보면 자세가 개선되고,
스트레스를 받지 않는 태도를 가지는 데도 도움이 된다.
누구나 이런 혜택을 누릴 수 있다. 요가 매트 백을 손뜨개로
만들면서 몸과 마음의 긍정적인 균형 상태를 이루도록 해보자.

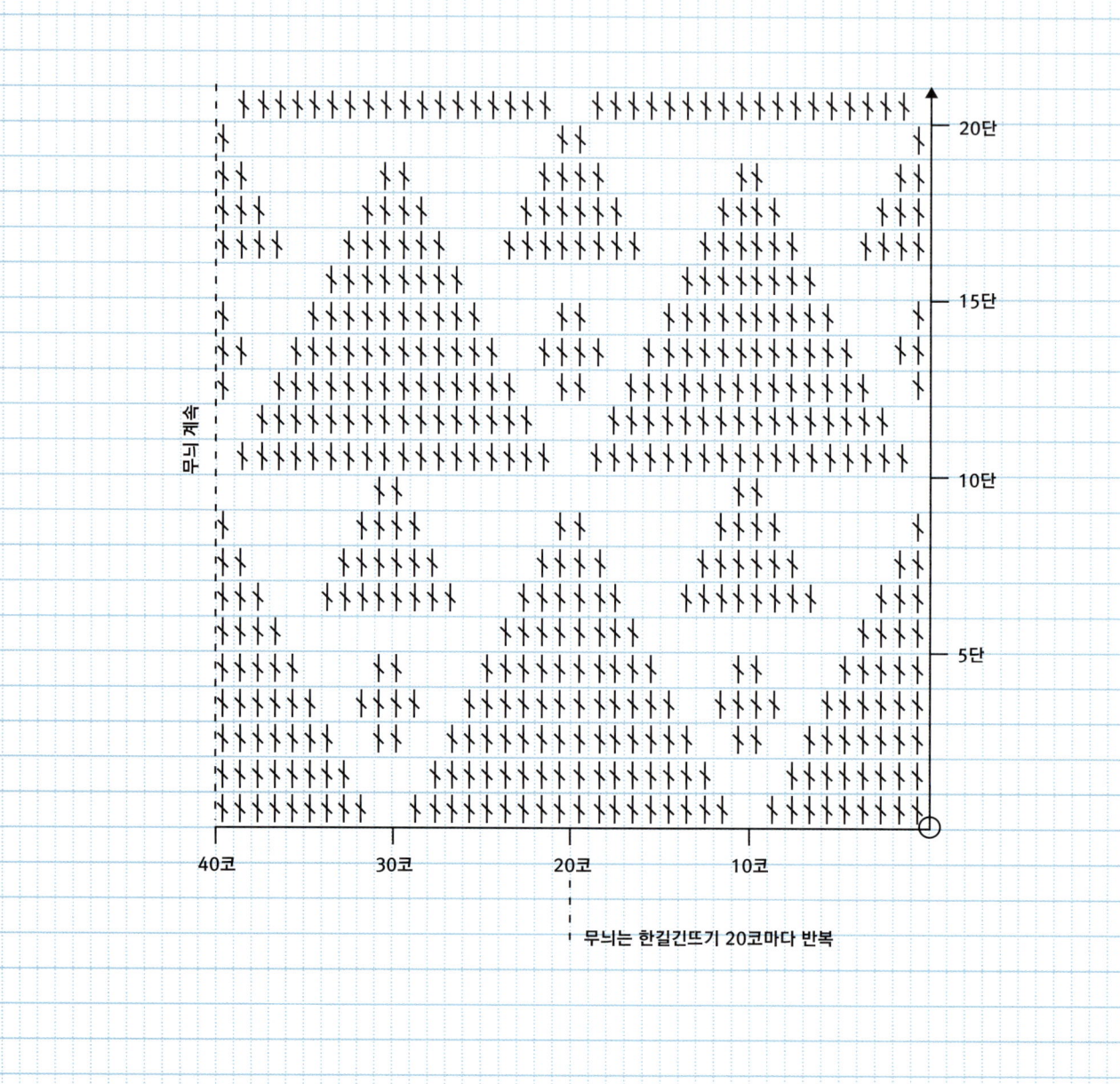

요가 매트 백은 두 가지 색 실을 이용해 원통형으로 한길긴뜨기를 하면서 만든다(단계별 설명은 246쪽 참조). 쉬는 실은 함께 걸치면서 코에 넣어 뜬다.

1단. 검은색 실로 사슬뜨기 120코를 떠서 시작한다. 이때 사슬코는 느슨하게 떠서 완성작이 너무 팽팽하게 당겨지지 않도록 한다. 코가 꼬인 곳이 없는지 확인한 다음, 빼뜨기로 원통형을 만든다. 검은색 실로 사슬뜨기 3코를 떠서 첫 번째 한길긴뜨기를 만든다. 흰색 실은 함께 걸쳐서 옮긴다. 검은색 실로 한길긴뜨기 7코를 뜬 다음, 다음 한길긴뜨기 코 마지막에서 흰색 실을 바늘에 건다. 한길긴뜨기 1코를 뜬 다음, 다음 코의 마지막에서 다시 검은색 실로 바꾼다. 한길긴뜨기 9코를 더하여 반복되는 무늬를 마친다. 이 무늬는 20코마다 반복된다. 시작점에서 세 번째 사슬코에 빼뜨기를 하여 단을 마무리한다.

2단. 사슬뜨기 3코를 뜬다. 이 사슬코들은 각 단마다 첫 번째 한길긴뜨기 코가 된다. 검은색 실로 한길긴뜨기 6코를 뜨고, 다음 한길긴뜨기 코 마지막에서 흰색 실을 바늘에 건다. 흰색 실로 한길긴뜨기 3코를 뜨고, 다음 한길긴뜨기 코 마지막에서 검은색 실을 바늘에 건다. 한길긴뜨기 8코를 뜨면서 총 20코의 무늬를 마친다. 빼뜨기로 단을 마무리한다.

그림 도안을 따라서 계속 떠 나간다. 총 81단을 뜨고, 마지막 단은 흰색 실로만 뜬다. 쉬는 실은 끝까지 함께 걸치며 옮긴다. 위쪽 가장자리를 따라서 짧은뜨기 단을 뜨고, 빼뜨기 한 단으로 마무리한다. 실을 자르고 끝이 보이지 않게 정리한다.

한길긴뜨기, 검은색 실

한길긴뜨기, 흰색 실

면 원단에서 바닥으로 쓸 원형을 편물 크기에 맞추어 잘라 낸다. 여기서는 지름 14㎝인 원에 1㎝ 시접 분량을 더했다. 같은 크기의 원단을 1장 더 자른다. 가방 위쪽에 붙일 직사각형 원단을 잘라 준비한다. 세로 16㎝, 가로 길이는 원통형 편물의 원둘레에 맞추어 마름질한다.

1 직사각형 원단의 짧은 쪽 가장자리에서 각각 단을 접어 다림질한 다음, 박음질로 고정한다.

2 원단의 겉면이 밖으로 보이고, 직사각형 원단의 긴 쪽이 맞닿도록 반으로 접는다. 긴 가장자리를 따라 지그재그 스티치로 박아준다. 원형 원단 2장도 겹쳐서 지그재그 스티치로 가장자리를 돌아가며 박아준다.

3 원통형 편물의 안이 보이도록 뒤집는다. 원형 원단을 편물 한쪽 끝에 핀으로 고정한 다음, 시접 분량 1㎝를 남기고 돌아가며 박음질한다.

4 편물의 겉이 보이도록 다시 뒤집는다.

5 길게 접어 지그재그로 박음질한 원단의 시접을 편물 입구의 첫째 단 아래에 박음질한다. 끈을 끼우는 창구멍으로 사용할 수 있도록 원단의 시작과 끝이 만나는 지점에 약간의 간격을 남겨둔다.

편물 위아래에 각각 짧은 가죽끈을 달아보자. 가죽끈에서 바느질할 자리를 정해 구멍을 뚫고, 하나는 두 겹으로 접어 아래쪽에 꿰매준다. 다른 하나는 중심점을 창구멍 앞쪽에 맞추어 자리를 정한다. 가방을 조이는 끈으로 사용할 수 있도록 면 소재 끈을 창구멍으로 넣어 끼워준다. 끈의 양 끝을 위쪽 가죽끈 아래로 통과시켜 아래쪽 가죽끈에 묶어준다. 면 소재 끈은 튼튼한 가방끈으로 사용할 수 있다. 또는 끈을 직접 떠서 만들어도 좋다(192쪽 참조).

세 살배기 마야는 코바늘 뜨개로 만든 깜찍한 드레스를 입고 신나는 놀이를 하고 있다. 드레스는 74쪽의 스웨터를 응용해 만든 것이다.

꿀벌 게임 세트

벌집	벌
사이즈 높이. 16㎝ 지름. 50㎝ (가운데 부분)	**사이즈** 길이. 3㎝ 지름. 7㎝ 날개폭. 3.5㎝
실 에스터리 할로 얀 (노란색 200g) 대체실 : 딸리아	**실** 엘도라도, 퍼핏츠 10 (검은색, 노란색, 회색, 흰색 소량씩) 대체실 : 리즈베스 40수
코바늘 7㎜ (점보코바늘)	**코바늘** 1.25㎜ (레이스 4호)
기타 원형 와이어 (지름 10㎝) 가죽끈 (길이 30㎝)	**기타** 타원형 나무 비즈

여름이면 꼭 해야 하는 꿀벌 게임이다. 벌집에 벌들을 얼마나 많이 던져 넣을 수 있을까? 두 팀으로 나누어서 한다면, 한 팀은 노란색 줄무늬 벌을, 다른 팀에게는 회색 줄무늬 벌을 만들어준다. 벌집에 벌을 가장 많이 넣는 팀이 이기는 것이다.

벌집

벌집은 짧은뜨기로 바닥면부터 시작해서 원통형으로 떠 나가며 만든다. 원형 와이어는 위쪽 가장자리에서 함께 뜬다.

1단. 손가락에 실을 두 번 감아 만든 고리에 짧은뜨기 9코를 뜬다. 실 끝은 몇 코 정도 함께 뜨다가, 단의 마지막에서 잡아당겨 구멍이 생기지 않도록 한다.

2단. 다음 단으로 이음매 없이 나선형으로 떠 나간다. 코마다 짧은뜨기 2코씩 뜬다.

3단. 한 코씩 번갈아가며 짧은뜨기 2코, 그 사이에 오는 코에는 짧은뜨기 1코씩 뜬다. 짧은뜨기 총 27코가 들어간다.

4단. 코를 늘리지 않고 짧은뜨기 1코씩 뜬다.

5단. 세 번째 코마다 짧은뜨기 2코, 그 사이에 오는 코에는 짧은뜨기 1코씩 뜬다. 짧은뜨기 총 36코가 들어간다.

6-10단. 코를 늘리지 않고 짧은뜨기 1코씩 뜬다.

11단. 네 번째 코마다 짧은뜨기 2코, 그 사이에 오는 코에는 짧은뜨기 1코씩 뜬다. 짧은뜨기 총 45코가 들어간다.

12-15단. 코를 늘리지 않고 짧은뜨기 1코씩 뜬다.

16단. 코를 줄이는 단이다. 네 번째와 다섯 번째 코마다 모아뜨기한다. 먼저 바늘을 다음 코에 넣고, 바늘에 실을 감아 빼낸다. 다음 코에서도 반복한다. 이제 바늘에는 세 코가 걸려 있다. 바늘에 실을 감고, 바늘에 걸린 세 코를 통해 한꺼번에 빼낸다. 첫 번째 코 줄임이 끝났다.

17단. 짧은뜨기 1코씩 뜬다.

18단. 코를 줄이는 단이다. 이번에는 세 번째와 네 번째 코마다 모아뜨기한다.

19단. 가장자리에 원형 와이어를 놓고, 와이어 아래쪽에서 실을 바늘에 걸어 코를 뜬다. 다 뜬 뒤에는 빼뜨기 단으로 마무리한다. 실을 자르고 끝이 보이지 않게 정리한다. 가죽끈을 가장자리 가까운 코 사이에 끼워 넣는다. 가죽끈에 구멍을 뚫고 꿰매어 고리를 만든다.

벌

작은 벌의 반은 회색 줄무늬로 뜨고, 나머지 반은 노란색 줄무늬로 떠서 두 팀으로 나눈다.

1. **1단.** 검은색 실로 바늘에 시작코를 만들고 사슬뜨기 2코를 뜬다. 바늘에서 두 번째 사슬코에 짧은뜨기 8코를 뜬다.
   2단. 코마다 짧은뜨기 2코를 뜬다.
   3단. 두 번째 코마다 짧은뜨기 2코, 그 사이에 오는 코에는 짧은뜨기 1코를 뜬다. 짧은뜨기 총 24코가 들어간다.
   4-6단. 코를 늘리지 않고 짧은뜨기 1코씩 뜬다.
   7-8단. 노란색 실로 바꾸어 짧은뜨기를 한다.
   9-10단. 검은색 실로 바꾸어 짧은뜨기를 한다.

2. 흰색 실을 꿰매어 눈을 표현해준다.

3. **11-12단.** 노란색 실로 바꾸어 짧은뜨기를 한다.
   13-14단. 검은색 실로 바꾸어 짧은뜨기를 한다. 나무 비즈를 편물 안에 넣는다.

4. **15-마지막 단.** 코를 줄이는 단이다. 15단부터는 마지막으로 몇 코가 남을 때까지 계속 짧은뜨기 2코를 모아뜬다. 실을 잘라 끝이 보이지 않게 정리한다. 코를 줄이는 단은 벌침 모양을 만들어준다.

5 **1단.** 날개를 만들 차례다. 흰색 실로 사슬뜨기 9코를 뜬다. 바늘에서 네 번째 사슬코에 한길긴뜨기 6코를 뜬다. 다음 네 코에 한길긴뜨기 1코, 마지막 코에 한길긴뜨기 7코를 뜬다. 다음 네 코에 한길긴뜨기 1코를 뜬 다음, 시작점에서 세 번째 사슬코에 빼뜨기를 하여 원통형을 만든다.

2단. 사슬뜨기 1코, 다음 다섯 코에 짧은뜨기 2코를 뜬다. 다음 여섯 코에 짧은뜨기 1코, 날개 가장자리의 다섯 번째 코에는 짧은뜨기 2코를 뜬다. 다섯 코에 짧은뜨기 1코를 더 뜨고, 시작 사슬코에 빼뜨기를 하여 원통형을 만든다. 실을 자르고 끝이 보이지 않게 정리한다.

6 날개를 몸통에 꿰매어 달아준다. 벌이 완성되었다!

기본 기법

5

바늘 쥐기와 첫 코 만들기

1 가는 실로 가벼운 질감의 편물을 뜰 때는 바늘을 연필처럼 쥔다.

2 러그 코드처럼 굵은 실로 뜰 때는 바늘을 나이프처럼 쥔다.

3 바늘에 거는 첫 코는 풀매듭이다. 실로 고리를 만들어 엄지손가락과 집게손가락 사이에 쥔다. 실 끝으로 고리를 감으면서, 고리 안으로 실을 넣어 빼낸다.

4 실을 빼내며 생긴 큰 고리에 바늘을 넣는다. 바늘에서 빠지지 않도록 실을 당겨 조이면 첫 코가 완성된다.

5 실을 쥐는 방법은 다양하고, 사람마다 선호하는 자세가 다르다. 사진처럼 세 손가락으로 실을 쥐는 자세는, 바늘을 잡지 않은 손으로 실을 잡고 손가락으로 팽팽하게 당겨주는 방법이다.

6 엄지손가락과 집게손가락 사이에 편물을 단단히 붙잡은 채 편물을 떠 나간다.

사슬뜨기와 손가락으로 뜨기

1 바늘에 첫 코를 만든다. 실을 바늘에 감거나, 바늘을 실 아래에서 돌려 실을 건다. 어느 쪽이든 편한 방법으로 하면 된다.

2 바늘에 걸린 고리를 통해서 감은 실을 빼낸다.

3 다시 바늘에 실을 걸고 고리를 통해 빼낸다. 이때 사슬뜨기 코의 크기가 고르게 만들어지도록 주의하고, 실도 계속 팽팽하게 당겨주도록 하자.

4 손가락을 이용해서 사슬뜨기를 할 수도 있다. 굵고 부드러운 실을 사용할 때 잘 맞는 방법이다.

5 손가락이 코바늘과 같은 역할을 한다. 이때 코가 점점 커지는 일이 없도록 손이 느슨하게 풀어지지 않게 주의한다.

6 손가락으로 뜬 편물은 바늘로 뜬 것보다 짜임이 성기다. 하지만 러그처럼 큰 편물을 뜰 때는 유용한 방법이다.

왕복뜨기로 짧은뜨기

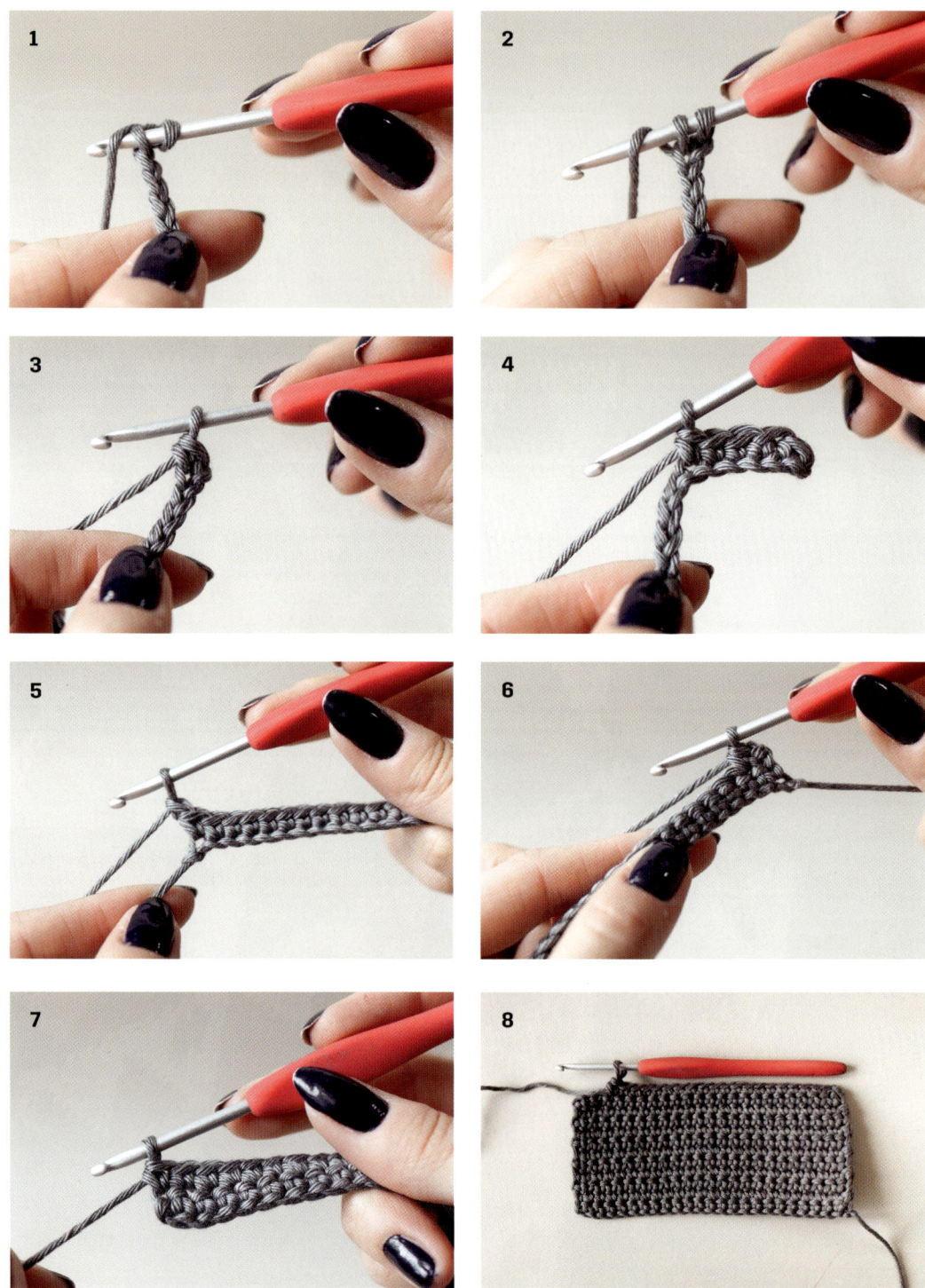

9

1. 필요한 만큼 사슬뜨기를 한다. 바늘에서 두 번째 사슬코에 바늘을 넣는다. 바늘에 실을 건다.

2. 코를 통해 실을 빼내고, 바늘에 다시 실을 건다.

3. 바늘에 걸린 두 고리를 통해 한꺼번에 실을 빼낸다. 이제 첫 번째 짧은뜨기가 완성되었다.

4. 사슬뜨기 코마다 짧은뜨기 1코를 뜬다.

5. 단이 끝나면, 편물을 뒤집고 사슬뜨기 1코로 다음 단을 시작한다. 사슬코는 그 단의 첫 번째 짧은뜨기 코로 센다. 바늘에서 두 번째 코에 다음 짧은뜨기를 한다. 이때 바늘은 아랫단 코의 사슬머리를 이루는 앞뒤 두 고리 모두를 지나도록 넣는다.

6. 바늘에서 두 번째 코에 다음 짧은뜨기를 한다. 바늘은 아랫단 코의 사슬머리를 이루는 두 고리 모두를 지나도록 넣는다.

7. 계속해서 코마다 짧은뜨기를 한다. 마지막 짧은뜨기 코는 첫번째 단의 시작 사슬코에 뜬다.

8. 필요한 만큼 단을 뜬다. 뜨는 동안 종종 코의 개수를 세어 편물의 폭이 달라지지 않도록 한다. 콧수가 변하면 편물도 그에 따라 넓어지거나 좁아진다.

9. 짧은뜨기로 다양한 무늬를 만들 수 있다. 직접 뜨면서 여러 가지 가능성을 시험해보자.

원통형으로 짧은뜨기

1. 필요한 수만큼 사슬뜨기를 한다. 꼬인 곳이 없는지 확인한 뒤에, 첫 번째 사슬코에 바늘을 넣는다.

2. 짧은뜨기를 하여 편물을 원통형으로 이어준다.

3. 계속해서 사슬코마다 짧은뜨기 1코를 뜬다.

4. 나선형으로 이음매 없이 다음 단으로 옮겨간다. 지금부터는 바늘을 아랫단 코를 이루는 사슬머리의 두 고리 아래로 모두 지나가게 넣는다.

5. 원통형으로 뜨는 편물에는 단의 시작점이 보이지 않지만, 작은 고리 층이 생긴다.

6. 사진 왼쪽은 원통형으로 짧은뜨기, 오른쪽은 왕복뜨기로 짧은뜨기한 편물로 양쪽의 짜임이 사뭇 다르다. 원통형으로 뜬 편물은 표면이 더 균일한 반면, 왕복뜨기 편물은 겉면과 안면이 모두 나타난다.

7. 이 기법을 통해서 다양한 원통형 편물을 뜰 수 있다. 무늬를 뜰 때는 단을 더할 때마다 코가 엇갈리게 올라간다는 점에 주의해야 한다. 따라서 무늬가 오른쪽이나 왼쪽으로 비스듬하게 돌아가게 된다. 완전히 똑바로 올라가는 무늬를 뜨고 싶다면 바늘을 아랫단 사슬머리의 앞쪽 반 코에만 넣어 뜨면 된다(179쪽 참조).

왕복뜨기로 한길긴뜨기

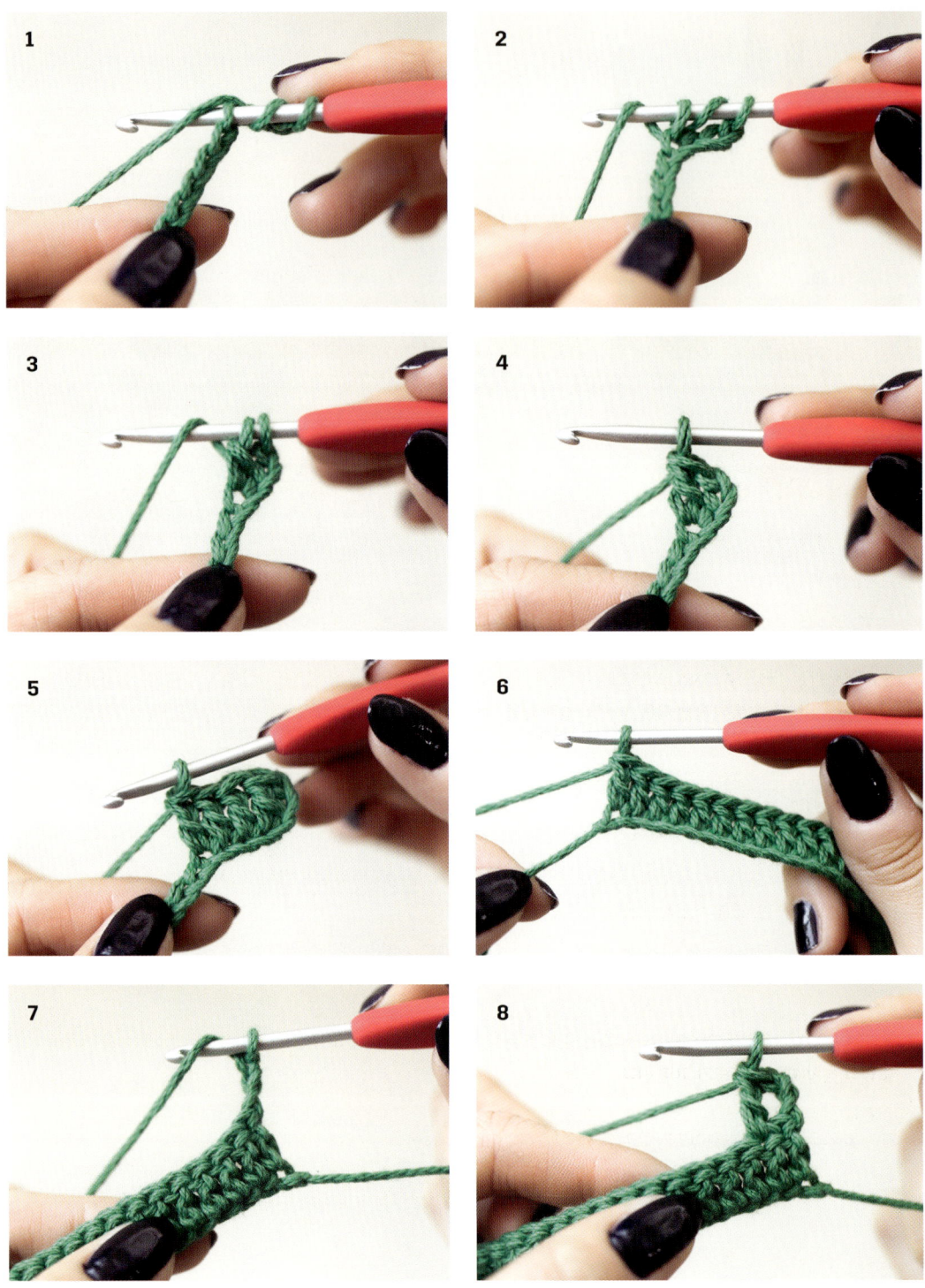

9

1. 필요한 수만큼 사슬뜨기를 한다. 바늘에 실을 걸고, 바늘에서 네 번째 코를 통해 빼낸 다음, 다시 바늘에 실을 건다.

2. 사슬코를 통해 바늘에 걸린 실을 빼내고, 한 번 더 바늘에 실을 건다.

3. 바늘에 걸린 두 코를 통해서 실을 빼낸 다음, 바늘에 실을 건다.

4. 바늘에 남은 두 코를 통해서 실을 빼낸다. 이제 한길긴뜨기 1코가 완성되었다. 가장자리의 사슬뜨기 세 코는 그 단의 첫 번째 한길긴뜨기 코로 센다.

5. 계속해서 사슬코마다 한길긴뜨기 1코를 뜬다.

6. 첫 번째 사슬코에 단의 마지막 한길긴뜨기를 한다.

7. 두 번째 단에서는 사슬뜨기 3코로 시작한다. 이 코들은 그 단의 첫 번째 한길긴뜨기 코가 된다.

8. 바늘을 아랫단 코 사슬머리의 앞뒤 두 고리를 모두 지나도록 넣어 한길긴뜨기를 한다.

9. 코마다 한길긴뜨기 1코를 뜬다. 뜨는 중간에 가끔 코의 개수를 세어보며 확인하는 것을 잊지 말자.

원통형으로 한길긴뜨기

9

1. 필요한 수만큼 사슬뜨기를 한다. 꼬인 곳이 없는지 확인한 다음, 빼뜨기를 하여 단을 원통형으로 만든다. 이때 바늘은 첫 번째 사슬코에 넣고, 바늘에 실을 감아 바늘에 걸린 코를 통해 편물의 겉면 쪽으로 빼낸다. 사슬뜨기 3코를 뜬다. 이렇게 하면 첫 번째 한길긴뜨기가 완성된다.

2. 다음 사슬코에 한길긴뜨기를 한다.

3. 사슬코마다 한길긴뜨기 1코를 뜨면서 계속 떠 나간다. 시작점에서 다른 코를 더 뜨지 않도록 주의한다. 마지막 코는 마지막 사슬코에 뜨면 된다. 시작 위치에 작은 구멍이 생길 수도 있지만, 편물을 떠 나가다 보면 없어지게 된다.

4. 한 단을 다 뜨고 나면 처음 떴던 사슬뜨기의 세 번째 사슬코에 빼뜨기를 해서 이어주면 1단이 완성된다.

5. 다음 단은 사슬뜨기 3코로 시작한다. 이 코들이 그 단의 첫 번째 한길긴뜨기 코가 된다.

6. 코마다 한길긴뜨기를 한다. 이때 바늘은 아랫단 코 사슬머리의 앞뒤 두 고리 모두를 지나도록 넣는다. 빼뜨기로 단을 연결한다.

7. 새로운 단을 시작할 때마다 사슬뜨기 3코를 뜬다.

8. 계속해서 코마다 한길긴뜨기 1코를 뜬다.

9. 원통형으로 한길긴뜨기를 하면, 편물이 진행될수록 단의 시작 위치가 오른쪽으로 조금씩 돌아가게 된다. 예를 들어 74쪽의 줄무늬 스웨터의 경우, 이런 까닭으로 목선 솔기가 뒤판에서 약간 보인다.

배색하기: 짧은뜨기

두 가지 색 실을 이용해 짧은뜨기를 할 때는 쉬는 실을 함께 걸쳐서 코 안에 넣어 뜬다.

1. 색을 바꿀 위치에서 바늘을 코에 넣고 실을 바늘에 건다. 쉬는 실은 코 뒤편으로 넣어 감싸면서 함께 뜬다.

2. 코를 통해 바늘에 건 실을 빼낸다.

3. 실을 바꾼다. 편물 뒷면에 실 고리가 늘어지는 일이 없도록 실들을 조금씩 잡아당긴다.

4. 뜨려는 색 실을 바늘에 건다.

5. 코를 통해 바늘에 건 실을 빼낸다. 이렇게 짧은뜨기의 마지막 단계에서 실을 바꾸어 거는 방법으로 뜨면 색이 바뀌는 부분이 깔끔하게 보인다.

6. 새로운 색 실로 떠 나간다. 쉬는 실도 계속 코 뒤편으로 넣고 함께 뜨며 옮겨간다.

배색하기: 한길긴뜨기

두 가지 색 실을 이용해 한길긴뜨기를 할 때는 쉬는 실을 함께 걸쳐서 코 안에 넣어 뜬다.

1. 색을 바꿀 위치에서 바늘을 코에 넣고 실을 바늘에 건다. 쉬는 실은 코 뒤편으로 넣어 감싸면서 함께 뜬다.

2. 다음 한길긴뜨기 코에서 마지막으로 바늘에 실을 걸기 전까지 뜬다.

3. 실을 바꾼다. 이때 편물 뒷면에 실 고리가 늘어지는 일이 없도록 실들을 조금씩 잡아당긴다.

4. 바늘에 걸린 두 코를 통해서 한꺼번에 실을 빼낸다. 배색하여 뜬 1코가 완성되었다.

5. 새로운 색 실로 떠 나간다. 쉬는 실도 계속 코 뒤편으로 넣고 함께 뜨며 옮겨간다.

6. 마지막 단계에서 실을 바꾸어 바늘에 걸면, 무늬의 가장자리가 깔끔해진다.

빼뜨기

빼뜨기로 편물의 크기를 늘리지 않고도 가장자리를 보강할 수 있다. 빼뜨기를 하면 편물 겉면에 튼튼한 가장자리가 생긴다. 단을 원통으로 연결하며 끝낼 때도 쓰이는 기법이다.

1 짧은뜨기를 할 때처럼 빼뜨기를 시작한다. 바늘을 아랫단 코의 사슬머리 앞뒤 두 고리를 모두 지나도록 넣고, 실을 바늘에 건다.

2 바늘에 건 실을 편물의 코를 통해 빼낸다.

3 방금 만들어진 고리를 바늘에 걸린 고리를 통해 빼낸다.

4 이제 빼뜨기 1코가 완성되었다.

5 계속해서 빼뜨기를 단의 끝까지 하고, 실을 잘라 끝이 보이지 않게 정리한다.

솔기 잇기

코바늘로 뜬 편물의 솔기는 다양한 기법으로 이을 수 있다. 재봉틀을 사용할 경우 가장자리가 늘어날 염려가 있어서 보통은 손바느질로 잇는다.

1. 한 번에 1코씩 가장자리를 함께 꿰맨다. 한쪽 끝에서 시작해서 다른 쪽 끝으로 진행하며 짧은 바늘땀으로 잇는다. 여러 가지 기법을 사용할 수 있지만, 여기서는 홈질을 하였다.

2. 다시 반대로 되돌아가며 한 번 더 꿰맨다. 이렇게 하면 박음질이 되어 솔기가 팽팽하고 반반해진다.

3. 사진에는 손바느질로 꿰맨 솔기가 보인다. 무늬가 있는 편물을 뜰 때는 솔기를 중심으로 양쪽 편물의 무늬가 잘 맞물리도록 특별히 주의한다.

원통형으로 한길긴뜨기 배색하기

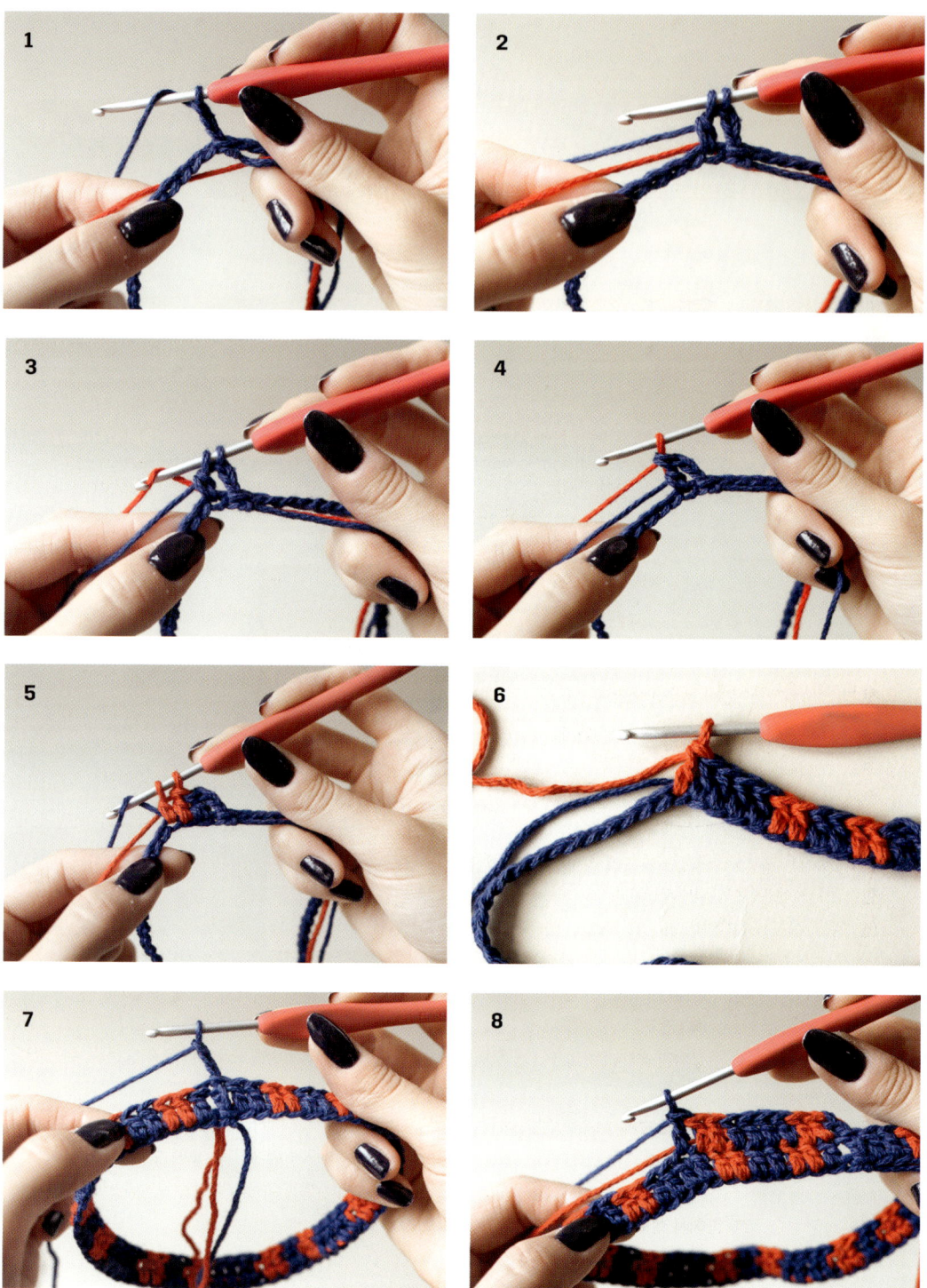

1. 첫 번째 색(파란색) 실로 필요한 수만큼 사슬뜨기를 한다. 코가 꼬인 곳이 없는지 확인해본다. 빼뜨기로 사슬뜨기 코를 연결하여 원통형 단으로 만든다. 첫 번째 사슬코에 바늘을 넣고, 바늘에 실을 감아 편물 겉면으로 빼낸 다음, 다시 바늘에 걸린 코를 통해 빼내면 된다. 사슬뜨기 3코를 뜬다. 이 사슬코들은 그 단의 첫 번째 한길긴뜨기 코가 된다. 바늘에 실을 걸고, 두 번째 색(빨간색) 실은 함께 걸친다.

2. 다른 색으로 바꾸려면, 한길긴뜨기를 1코를 뜨면서 실을 바늘에 마지막으로 걸기 전까지 뜬다. 이때 두 번째 실은 코 아래쪽에 함께 걸쳐진 상태다.

3. 두 번째 실을 바늘에 걸고, 첫 번째 실은 코 안에서 함께 걸치도록 남겨둔다.

4. 바늘에 걸린 두 코를 통해서 실을 빼낸다. 이제 배색하여 뜬 1코가 완성되었다.

5. 두 번째 실로 한길긴뜨기를 한다. 다음 한길긴뜨기 코 마지막 단계에서 실을 바늘에 걸 때 다시 색을 바꾸게 된다.

6. 사슬코마다 한길긴뜨기를 한다. 쉬는 실은 코 아래쪽에 걸쳐 함께 넣어 뜬다. 도안에 따라서 실을 바꾼다.

7. 단을 시작할 때는 사슬뜨기 3코를 뜬다. 이 사슬코들은 각 단의 첫 번째 한길긴뜨기 코가 된다.

8. 코마다 한길긴뜨기를 한다. 바늘은 아랫단 코 사슬머리의 앞뒤 두 고리를 모두 지나도록 넣는다. 쉬는 실은 함께 걸쳐 옮겨간다. 도안에 따라 실을 바꾼다.

9. 실을 바꾸며 떠 나가다 보면 무늬도 고르게 만들어진다. 이 기법을 이용해 다양한 무늬의 편물을 뜰 수 있다.

왕복뜨기로 한길긴뜨기 배색하기

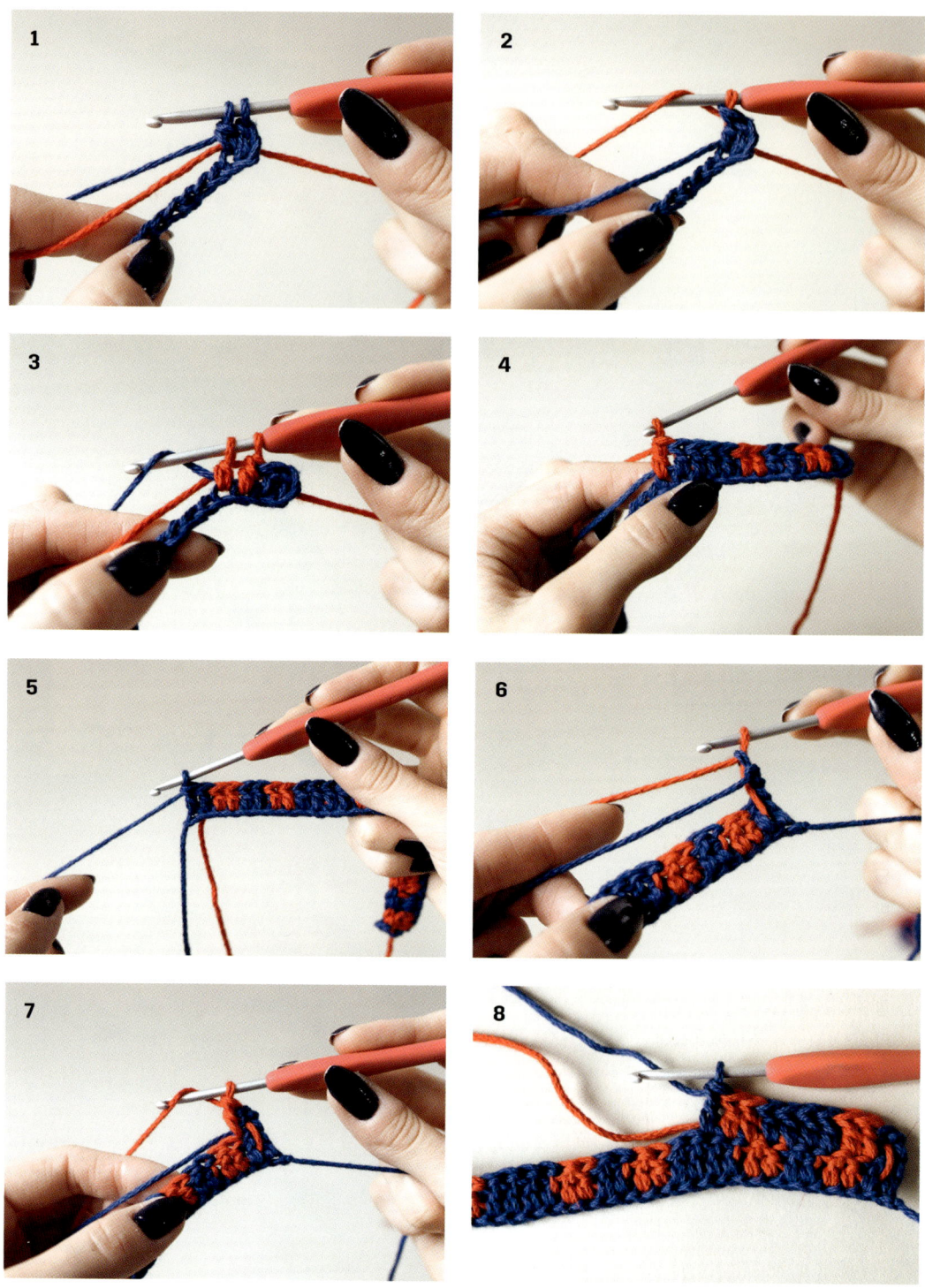

9

1. 첫 번째 색(파란색) 실로 필요한 수만큼 사슬뜨기를 한다. 바늘에서 네 번째 사슬코에 바늘을 넣고, 두 번째 색(빨간색) 실을 함께 걸쳐서 한길긴뜨기를 한다. 두 번째 실은 코 아래쪽에 들어가게 된다.

2. 색을 바꾸려면, 다음 한길긴뜨기 코를 뜨다가, 마지막 단계에서 실을 바꾸어 두 번째 실을 바늘에 건다. 이제 바늘에는 빨간색 코가 걸려 있다.

3. 빨간색 실로 한길긴뜨기 2코를 뜬다. 파란색 실은 계속 함께 걸쳐 코 안에 넣는다. 다음 한길긴뜨기 코의 마지막 단계에서 파란색 실을 바늘에 건다.

4. 계속해서 도안을 따라 색을 바꾸며 떠 나간다. 쉬는 실은 계속 함께 걸쳐 코 안에 넣고, 색을 바꿀 때는 마지막 단계에서 실을 바꾸어 바늘에 건다.

5. 단의 마지막 한길긴뜨기 코에서는 쉬는 실을 함께 걸치지 않고, 편물 뒷면에 남겨둔다.

6. 단을 시작할 때는 사슬뜨기 3코를 뜬다. 이 사슬코들은 각 단의 첫 번째 한길긴뜨기 코가 된다. 무늬에서 두 번째 한길긴뜨기 코는 빨간색 실로 떴으니, 세 번째 사슬코에서 색을 바꾼다.

7. 빨간색 실로 한길긴뜨기 1코를 뜬다. 파란색 실은 함께 걸쳐 뜨며 코 안에 넣는다.

8. 도안에 따라서 색을 바꾸며 계속 떠 나간다. 단의 마지막 한 코 앞에서 쉬는 실은 남겨두고, 다음 단을 시작하고 두 번째 한길긴뜨기 코에서 다시 가져온다. 쉬는 실은 항상 편물 뒷면에 둔다.

9. 도안에 따라서 계속 떠 나간다.

고무뜨기

고무뜨기는 82쪽의 핸드 워머에서 손목 부분을 만들 때 사용하는 기법이다. 따뜻한 목도리나 양말을 뜰 때도 사용할 수 있다.

1 필요한 수만큼 사슬뜨기를 한다. 바늘에서 두 번째 사슬코에 바늘을 넣고, 사슬코마다 짧은뜨기 1코씩을 뜬다. 다음 단의 시작에서 사슬뜨기 1코를 뜬다. 이 코는 다음 단의 첫 번째 짧은뜨기 코로 센다.

2 편물을 뒤집는다. 바늘은 직전 단의 사슬머리 뒤쪽 고리에만 넣는다. 바늘에 실을 걸고 짧은뜨기를 한다.

3 계속 바늘을 사슬머리 뒤쪽 고리에만 넣으면서 단의 마지막 코 전까지 짧은뜨기를 한다.

4 단의 마지막 코는 바늘을 직전 단의 사슬머리 앞뒤 두 고리를 모두 지나도록 넣어서 뜬다. 이렇게 하면 가장자리가 더욱 견고해진다. 단을 시작할 때는 사슬뜨기 1코를 뜬다. 계속해서 바늘을 뒤쪽 고리에만 넣으면서 짧은뜨기를 한다.

사진에 보이는 고무뜨기 편물은 랑까바(Lankava)의 부드러운 나뚜랄리아 울 실을 사용해서 떴다. 이 실로 뜬 넥 워머를 하고 있으면 아무리 추운 겨울이라도 따뜻하게 지낼 수 있을 것이다.

모눈뜨기

모눈뜨기 혹은 방안뜨기는 다양하게 활용할 수 있는 기법이다. 모눈종이에 도안을 그려서 여러 가지 용도의 편물을 만들어보자.

1   필요한 수만큼 사슬뜨기를 한다.

2   바늘에 실을 걸고, 바늘에서 일곱 번째 사슬코에 바늘을 넣는다. 바늘에 실을 걸고 코를 통해 빼낸다. 다시 바늘에 실을 건다.

3   바늘에 걸린 두 코를 통해서 실을 빼낸다. 다시 바늘에 실을 걸고 바늘에 남은 두 코를 통해서 빼낸다. 사각형 한 칸이 완성되었다.

4   사슬뜨기 1코, 1코 거르기, 한길긴뜨기 1코를 뜬다. 이제 두 칸이 완성되었다.

5   사슬뜨기 1코, 1코 거르기, 한길긴뜨기 1코를 계속하면서 단의 끝까지 반복한다. 혹시 코를 너무 많이 떴다

면, 마무리할 한 코만을 남기고 불필요한 사슬코를 풀면 된다. 이렇게 해도 사슬뜨기 코가 고정되어 있기 때문에 나머지 편물은 풀리지 않는다. 만일 코가 부족하다면 실 끝을 이용해서 사슬뜨기를 더 뜬다.

6 새로운 단을 시작할 때는 사슬뜨기 4코를 뜬다.

7 직전 단의 한길긴뜨기 코에 한길긴뜨기를 한다.

8 막힌 칸을 만들려면, 직전 단의 한길긴뜨기 코에 한길긴뜨기를 하고, 그 사이에 있는 사슬코에도 한길긴뜨기를 한다. 그리고 직전 단의 다음 한길긴뜨기 코에 한길긴뜨기 코를 뜨면 막힌 칸 하나가 완성된다.

9 계속해서 도안에 따라서 빈칸과 막힌 칸을 떠 나간다.

10 막힌 칸을 도안과 다른 자리에 뜨지 않도록 주의하자.

11 모눈뜨기를 이용하면 다양한 무늬와 모티프를 뜰 수 있다. 모눈뜨기에는 어떤 종류의 실이든 사용할 수 있다.

이 책에서 사용한 실

	이름	소재	중량 / 길이	사용된 작품	국내용 대체실
1	밀라미아, 내추럴리 소프트 메리노 (Millamia, Naturally Soft Merino)	100% 메리노울	50g / 약 125m	넥 워머	필 메리노스 3.5
2	일로스, 라 에스피가 (Hilos, La Espiga)	100% 나일론	200g	바이크 백	코튼3
3	서다, 코튼 DK (Sirdar, Cotton DK)	100% 면	100g / 약 212m	여행용 거울	피마룩스 35수 까사리아
4	샤켄마이어, 메리노 엑스트라파인 120 (Schachenmayr, Merino Extrafine 120)	100% 메리노울	50g / 약 120m	손잡이 쿠션	필 메리노스 3.5
5	샤켄마이어, 카타니아 파인 (Schachenmayr, Catania Fine)	100% 면	50g / 약 165m	체인 열쇠고리	피마룩스 35수 까사리아
6	엘도라도, 퍼핏츠 10 (Eldorado Puppets 10)	100% 면	50g / 약 265m	꿀벌 게임 세트(벌)	리즈베스 40수
7	마하라자 실크 얀 (Maharaja Silk Yarn)	100% 실크	50g / 약 300 m	나비넥타이	리즈베스 40수
8	리나 피시 넷 트와인, 18겹 (Liina fish net twine, 18-ply)	100% 면	500g / 약 840m	북유럽풍 가방, 풋볼 백, 가렌더 장식	코튼3, 동방18합 까사리아 피마룩스 35수
9	리나 피시 넷 트와인, 12겹 (Liina fish net twine, 12-ply)	100% 면	500g / 약 1,280m	포스터, 밴드 포스터, 세면 파우치, 요가 매트 백, 닻 무늬 주머니	피마룩스 35수 까사리아
10	게파드 쇠만드 가른 (Gepard, Sømands Garn)	100% 울	150g / 약 280m	줄무늬 스웨터	파트너 6 필 에어 페루
11	매들린토시, 삭 (Madelinetosh, Sock)	100% 메리노울	100g / 약 360m	핸드 워머	필 메리노스 6
12	샤켄마이어, 카타니아 그란데 (Schachenmayr, Catania Grande)	100% 면	50g / 약 63m	여권 파우치, 바둑판무늬 백팩	클라우드 린넨 VIP
13	라마나, 이카 (Lamana, Ica)	100% 면	50g / 약 80m	스피커 커버, 닻 무늬 가방, 음료수 캐리어	클라우드, 딸리아 린넨 VIP 마크라메
14	아드리아필, 라피아 (Adriafil, Rafia)	100% 엽맥섬유	25g	중산모자	알로하 2겹
15	풋키스 할로 얀 (Putkis hollow yarn)	100% 면	약 500g	슬리퍼 (남성용과 여성용)	딸리아 파빠르
16	주트 얀 (Jute yarn)	100% 황마	1kg / 450m	수납 바구니	딸리아
17	모파리 스파이럴 얀 (Moppari spiral yarn)	75% 재활용 면, 25% 아크릴	1kg / 약 310m	통나무 캐리어	파빠르 마크라메
18	무쿠 울 얀 (Muhku wool yarn)	100% 울	1kg / 약 390m	바둑판 러그	스마트 2겹
19	에스테리 할로 얀 (Esteri hollow yarn)	100% 폴리에스터	1kg / 약 330m	꿀벌 게임 세트(벌집)	딸리아
20	릴리 할로 얀 (Lilli hollow yarn)	80% 재활용 면, 20% 기타	1kg / 약 220m	패턴 러그	딸리아 마크라메

관리

6

코바늘 깎기

코바늘은 다양한 재료로 만들어진다. 대나무를 비롯하여 나무, 플라스틱, 알루미늄, 금속 등이 흔히 접할 수 있는 소재다. 골동품 가게에 가면 오래된 나무 코바늘을 발견할 수 있을지도 모른다. 하지만 직접 나무를 깎아서 만들 수도 있다. 사진에서 나는 아버지와 함께 카렐리아 북부의 숲에서 코바늘을 만들기에 적당한 재료를 찾고 있다. 노간주나무나 단풍나무, 자작나무처럼 내구성이 좋고 유연한 나무가 코바늘로 쓰기에 적당하다. 우리는 노간주나무를 발견하고 아래쪽 가지 두 개를 꺾어왔다.

나무를 깎으려면 좋은 칼이 필요하다. 칼날은 길지 않아도 되지만, 칼자루는 견고해야 한다. 코바늘을 만들기 위해서는 옹이가 없는 부분으로 20㎝ 정도가 필요하다. 아버지와 나는 8㎜와 12㎜ 코바늘 두 자루를 만들었다. 이 치수는 바늘머리의 지름을 나타내는 것이다. 이보다 더 가는 바늘을 만들면 금방 부러질 것이다. 하지만 대형 코바늘은 만들 수 있다. 다양한 나무를 이용해 아름다운 코바늘 컬렉션을 만들어도 좋겠다.

1 노간주나무 가지에서 10㎝ 정도 되는 부분을 작업한다. 나무가 자라는 방향을 향해 껍질을 벗겨낸다. 자루 부분은 껍질을 벗기지 않고 두어도 좋고, 사진에서처럼 바늘머리 부분만 작업하면 된다. 껍질을 벗겨낸 나무는 며칠 동안 건조시킨다. 젖은 나무를 깎아내면 나중에 건조되면서 쪼개질 수도 있기 때문이다.

2 벗겨낸 쪽 끝에 바늘머리의 형태를 그린다. 바늘의 목 부분은 바늘자루의 절반 정도 굵기로 남겨둔다. 여기서는 작업하기에 편리하도록 바늘머리 안쪽 모서리에 작은 구멍을 뚫었다. 날이 얇은 실톱을 사용하여 그려놓은 선을 따라 바늘머리의 옆 모양대로 나무를 잘라낸다.

3 바늘머리 모양을 깎아내기 시작한다. 칼을 가볍게 놀리며 조심스럽게 둥그런 모양을 깎아낸다. 칼은 언제나 몸에서 바깥을 향해 움직이도록 한다. 이 작업에는 인내심과 신중한 태도를 가지는 것이 중요하다. 위 사진에서 아버지는 바늘의 목 부분을 깎고 있다. 끝 쪽은 이미 톱으로 잘라내고 둥그런 모양으로 깎아낸 상태다. 실이 걸리는 고리 부분은 충분히 깊게 파주어야 굵은 실을 뜰 때도 바늘에서 빠지지 않는다.

4 사포로 살살 문지르며 목과 고리 안쪽을 다듬어준다. 머리 부분은 사진에서처럼 거칠게 깎은 형태로 남겨두어도 괜찮다.

완성된 12㎜ 사이즈 코바늘이다. 바늘머리는 각진 형태로 깎았다. 바늘 목은 쉽게 손상되지 않아야 하므로 가볍게 유연성을 시험해본다. 혹시 바늘이 부러져서 불쏘시개로 쓰게 된다면, 다음에는 더 굵게 깎도록 하자.
코바늘의 자루 가운데 부분은 손으로 잡기 쉽도록 납작하게 만드는 경우가 많다. 바늘머리뿐만 아니라 자루 부분까지 전체를 깎아서 자신의 손에 딱 맞게 만들면 좋다. 또 자연적으로 구부러진 나무를 골라서 코바늘로 쓸 수도 있다.

두 자루 모두 유연성 시험을 통과해서 실제로 사용할 수 있게 되었다. 코바늘을 직접 깎아 만들다 보면 코바늘을 만드는 즐거움뿐 아니라 손뜨개를 할 때도 큰 만족감을 얻을 수 있다.

손뜨개를 위한 스트레칭

오랜 시간 손뜨개를 하다 보면 몸이 뻣뻣해지고 근육통도 생길 수 있다. 나의 오빠이자 요가 강사인 파시가 소개하는 운동은 굳어진 몸을 풀어주는 데 도움을 줄 것이다. 자신의 몸에 신경을 집중하면서 차분하게 스트레칭을 해보자. 동작이 잘 맞는다고 생각되면, 그 자세를 유지해보자. 코로 숨을 들이마시고 천천히 내뱉으면서 호흡과 함께 자세를 안정시킨다.

1 책상다리로 앉아서 등을 곧게 펴고, 어깨에서 힘을 뺀다. 손은 다리에 올려놓는다. 고개를 천천히 옆으로 기울였다가 조심스럽게 앞뒤로 움직이면서 목을 가볍게 스트레칭한다.

 1–3 분

2 책상다리로 앉는다. 숨을 들이쉬면서, 두 팔을 양옆으로 벌리고 가슴을 활짝 편다. 숨을 내쉬면서 팔을 쭉 편 채로 앞으로 모은다.

3 한쪽 다리를 앞으로 쭉 뻗고, 같은 쪽 손을 발가락을 향해 조심스럽게 뻗는다. 등은 곧게 편 채로 엉덩이를 가볍게 앞으로 밀어주면서, 발가락을 향해 몸을 숙이고 옆구리를 편다. 반대쪽도 같은 방법으로 한다.

⌚ **1-3분**

4 등과 다리는 곧게 편 채로 엉덩이를 들어올린다. 턱은 가슴 쪽으로 당긴다. 차분하게 코로 깊이 숨을 쉬면서 몸의 긴장을 푼다.

⌚ **3-5분**

5 두 팔을 앞으로 쭉 뻗고 어깨와 등에서 힘을 뺀다. 등을 조심스럽게 발꿈치 쪽으로 밀어준다.

6 마지막으로 책상다리를 한 자세로 긴장을 풀어보자. 편안하게 바닥에 앉아서 손은 다리에 올려놓는다. 다리에서 힘을 빼고 등은 곧게 편다. 심호흡에 집중하면서 천천히 몸에서 긴장을 푼다.

TIP!
야외에서 스트레칭을 할 때는 메리노 울로 만든 튜브 스카프로 몸을 따뜻하게 해주면 좋다.

야외에서는 나무 몸통을, 실내에서는 벽을 이용해 등과 어깨, 옆구리 스트레칭을 할 수 있다.
각 자세를 1분씩 유지한다. 차분하게 호흡하면서 즐겨보자!

도움을 주신 분들

아나스티나, 노아크, 아르니, 힐라, 파시 레팰래
아누 투루 (타이카 레티)
다니엘 아랍 (컬러블라인드 패턴스)
엘리나 예르비넨 (프락틱)
에이이 사츠키와 야나 레팰래
야코 루오찰라이넨
야니 펜졸라 (커스텀 우드)
야르노 루카릴라 (타이폴라)
요네 예르벨래 (코르피클라니)
카이 쿠시스토
키르스티와 유리 카르피넨 (랑카바)
라우라 페코넨과 미카 피리넨
링콜라 가족
미카엘 게뷔그
민나 레팰래
니코 휘티넨 (원 모닝 레프트)
니코 미코넨
파울 타카하시
루타 슬러스카이테 (볼렌 베를린)
사라 야 마르코 (아텔리에리 오 하팔라)
사무 순델
토마스 라이네
토피 빌헤르말미
투푸 리톨라 (타투아타)
운토 헬로 (뤼트미헤이리외)

나의 오빠와 아버지

VIRKKURI 3

© Kustannusosakeyhtiö Nemo ja Molla Mills 2015
All rights reserved.

Korean language edition © 2019 by WILLCOMPANY
Korean translation rights arranged with Nemo / Kustannusosakeyhtiö Otava through EntersKorea Co., Ltd., Seoul, Korea.

이 책의 한국어판 저작권은 (주)엔터스코리아를 통한 저작권사와의 독점 계약으로 윌컴퍼니가 소유합니다.
저작권법에 의하여 한국 내에서 보호를 받는 저작물이므로 무단전재와 무단복제를 금합니다.

모던 시크 코바늘 손뜨개 3

펴낸날 | 2019년 11월 20일
지은이 | 몰라 밀스
옮긴이 | 서나연
감　수 | 박진선
책임편집 | 이미선
펴낸곳 | 윌스타일
등록번호 | 제2019-000052호
전　화 | 02-725-9597
팩　스 | 02-725-0312
이메일 | willcompanybook@naver.com
ISBN | 979-11-85676-58-6   13590

* 잘못된 책은 구입하신 곳에서 바꿔드립니다.

이 도서의 국립중앙도서관 출판예정도서목록(CIP)은 서지정보유통지원시스템 홈페이지 (http://seoji.nl.go.kr)와 국가자료공동목록시스템(http://www.nl.go.kr/kolisnet)에서 이용하실 수 있습니다.(CIP제어번호: CIP2019043628)